Q&A インターネットバンキング

Internet Banking

岩田合同法律事務所 [編]

弁護士
本村　健
鈴木 正人
政本 裕哉
大櫛 健一 [編著]

一般社団法人 金融財政事情研究会

はしがき

　インターネットバンキングは、現代社会において必要不可欠なインフラの一つである。この事実は、インターネットを通じて金融機関との取引を行うことが、個人にとってもはや日常生活の一シーンとなっており、企業間取引においても多用されているということを指摘するまでもなく、明らかなことといえよう。

　銀行取引が非対面により行われるということ自体は、CDやATMの出現等を通じてかなり早い段階から実現され、その後もテレフォンバンキングなどが登場したが、インターネットバンキングが従来の非対面取引と異なるのは、新しい通信手段であるインターネットを利用して行うという点である。

　リアル店舗における対面取引と比較した場合、金融機関の利用者の立場からすれば、インターネットバンキングにより、「どこに住んでいようと、どこに滞在しようとも、望む銀行取引を、時間を選ばずに行えるようになった」という利便性はきわめて大きい。とりわけ、決済サービス、すなわち為替取引における利便性向上は一目瞭然であり、銀行取引といえばリアル店舗の窓口サービスで、という時代との対比では、隔世の感があるだろう。

　インターネットバンキングにより、サービスの供給者たる金融機関にとっては、利用者の利便性向上のためにリアル店舗を全国に展開するあるいは地域金融機関としてドミナントにリアル店舗を展開する、といった膨大なコスト発生を抑えられる可能性がある。この低コスト性ゆえにリーズナブルにさまざまなサービスの提供が可能であるインターネットバンキングの特徴からすれば、インターネット専業銀行の出現は、必然的な流れともいえよう。さらに、インターネットバンキングの幅広い展開は、各金融機関をして、顧客の維持獲得に対する制約を打ち破るさまざまな可能性を秘めているといえるが、それは、何もインターネット専業銀行や決済専門銀行等の独壇場ではない。預金量減少を迎えた時代において、とりわけ信用金庫、信用組合を含む

地域金融機関等においては、顧客満足度の高いインターネットバンキングを展開することは、顧客の維持獲得にとって必要不可欠なサービスといえ、逆説的にいえば、インターネットバンキングを、他行庫よりも魅力的なかたちで提供できない金融機関は、利用者からの選別を受け、淘汰という事態も発生しかねない。

　急激に進展する高齢社会において、インターネットバンキング利用者層が総じて20代後半から30代、40代が中心であるといわれているところ、いっそうの裾野拡大のために各金融機関が知恵を絞るといった競争が展開され、その間、海外の先進的な取組みなどを参考にする例も出てくるだろう。ここ数年では、スマートフォンやタブレット端末の普及により、これらを経由した銀行取引が増加傾向にある。さらには、新しい利用機器・デバイスの出現やITソリューション（もっとも一部の識者や天才からすれば、すでにその現実化を思い描いているソリューションとなろうか）に対して、インターネットバンキングが、しなやかに適合し、新たなインフラとして展開されている社会の到来も想像にむずかしくない。

　本書は、『非対面取引』という特性から問題となり得る、インターネットバンキングにかかわる課題や問題等について、法的側面のみならず、インターネットバンキング発展の歴史や今後の展望などビジネス面をも含め、幅広く取り上げ、現時点におけるインターネットバンキングサービスの課題と解決の道標を記した、一つの金字塔となることを指向した。

　もっとも、本書は、インターネットバンキングにかかわるすべての問題を網羅的に取り上げて検討したものではない。限られた時間内に現時点における整理の到達点を書き記す観点から、あえて50問を厳選した。また、執筆陣も、バンキング・レギュレーション・金融関連訴訟等の金融法務に精通した弁護士を中心に、インターネット専業銀行の関係者、インターネットバンキングの動向に詳しい実務家にも参加いただき、多くの議論を経てまとめられ

たものである。もとより、執筆内容は、各人の所属するまたは所属していた組織や団体等の意見表明ではなく、また、最終的には、編者にその責任があることをあらかじめお断りしておきたい。

　最後に、本書を世に問うことができるに至ったのは、岩田合同法律事務所のスタッフの献身的な尽力とともに、一般社団法人金融財政事情研究会出版部の田島正一郎氏からの激励の賜物である。この場を借りて、厚く御礼申し上げる次第である。

2014年1月

著者を代表して
弁護士　本村　健

編著者／執筆者紹介

【編著者】

編著者代表　本村　健（もとむら　たけし）

岩田合同法律事務所・パートナー弁護士。『金融実務と反社会的勢力対応100講』（編著、2010年、金融財政事情研究会）、『第三者委員会―設置と運用』（編集代表、2011年、金融財政事情研究会）、『一般法人・公益法人のガバナンスQ&A』（編集代表、金融財政事情研究会、2012）、『保険業界の暴排条項対応』（編著、金融財政事情研究会、2012）、「地域金融機関における株主総会－「儀式から投票へ」新時代の株主総会」（金融法務事情1919号、2011年）、「特集　オール・アバウト　地域金融機関の株主総会対策」（共著、金融法務事情1919号、2011年）等多数。

鈴木　正人（すずき　まさと）

岩田合同法律事務所・パートナー弁護士・ニューヨーク州弁護士。2011年4月から2012年12月まで金融庁・証券取引等監視委員会事務局証券検査課に課長補佐、専門検査官として在籍。『金融検査マニュアル便覧』（共著、きんざい 2008年）、『FATCA対応の実務』（共著、中央経済社 2012年）、「円滑化法最終改正後における住宅ローン管理の留意点」（事業再生と債権管理137号 2012年）等多数。

政本　裕哉（まさもと　ゆうや）

岩田合同法律事務所・パートナー弁護士。2009年2月から2010年3月まで米系金融コンサルティングファームであるプロモントリー・フィナンシャル・ジャパンに出向。「でんさいネット利用に当たって知っておきたい企業の留意点」（共著、NBL996号、2013年）、「不祥事件への対応態勢」（銀行法務21 9月増刊号、2013年）、『Q&A　家事事件と銀行実務』（共著、日本加除出版、2013年）等多数。

大櫛　健一（おおくし　けんいち）
岩田合同法律事務所・弁護士。「インターネットバンキングにおける不正利用への対応」（共著、金融法務事情1937号、2012年）、「徹底検証　金融ADR事例から学ぶ実務対応」（共著、銀行実務641号、2012年）、「金融商品取引基本法令コース（テキスト第1・2分冊）」（共著、全国地方銀行協会）等多数。

【執筆者・五十音順】

伊藤　広樹	（いとう　ひろき）	岩田合同法律事務所・弁護士
上西　拓也	（うえにし　たくや）	岩田合同法律事務所・弁護士
臼井　幸治	（うすい　こうじ）	岩田合同法律事務所・弁護士
永口　学	（えいぐち　まなぶ）	岩田合同法律事務所・弁護士
大浦　貴史	（おおうら　たかし）	金融庁検査局・弁護士
大久保由美	（おおくぼ　ゆみ）	岩田合同法律事務所・パートナー弁護士
柏木　健佑	（かしわぎ　けんすけ）	岩田合同法律事務所・弁護士
加藤　剛士	（かとう　ごうし）	株式会社ジャパンネット銀行
唐澤　新	（からさわ　あきら）	岩田合同法律事務所・弁護士
小池　俊哉	（こいけ　としちか）	株式会社ジャパンネット銀行
坂本　倫子	（さかもと　ともこ）	岩田合同法律事務所・パートナー弁護士
佐藤　喬城	（さとう　たかき）	岩田合同法律事務所・弁護士
篠田　大地	（しのだ　だいち）	本橋総合法律事務所・弁護士
堤　大輔	（つつみ　だいすけ）	株式会社NTTデータ経営研究所
德丸　大輔	（とくまる　だいすけ）	岩田合同法律事務所・弁護士
冨田　雄介	（とみた　ゆうすけ）	岩田合同法律事務所・弁護士
土門　高志	（どもん　たかし）	岩田合同法律事務所・弁護士
別府　文弥	（べっぷ　ふみや）	岩田合同法律事務所・弁護士
武藤　雄木	（むとう　ゆうき）	岩田合同法律事務所・弁護士

森藤　聡志（もりふじ　さとし）　　株式会社ジャパンネット銀行
山本　智之（やまもと　ともゆき）　株式会社ジャパンネット銀行
吉村　寿子（よしむら　ひさこ）　　岩田合同法律事務所・弁護士

岩田合同法律事務所
＜事務所概要＞
1902年、故岩田宙造弁護士（後に司法大臣、貴族院議員、日本弁護士連合会会長等を歴任）により創立。爾来、一貫して企業法務の分野を歩んできた、わが国において最も歴史ある法律事務所の一つ。政府系銀行、メガバンク、信託銀行、地方銀行、地域金融機関、保険、証券、信販、リース、投資顧問のほか、わが国を代表する多数の事業会社等の法律顧問として、さまざまな企業法務案件に関与している。

＜連絡先＞
〒100-6310
東京都千代田区丸の内二丁目4番1号丸の内ビルディング10階
電話　03-3214-6205（代表）http://www.iwatagodo.com/

凡　例

1　法令等の引用・略称

正式名称	名称・略称
銀行法	銀行法
銀行法施行令	銀行法施行令
銀行法施行規則	銀行法施行規則
保険業法	保険業法
保険業法施行令	保険業法施行令
保険業法施行規則	保険業法施行規則
金融商品取引法	金商法
金融商品取引法施行令	金商法施行令
金融商品取引業等に関する内閣府令	金商業等府令
企業内容等の開示に関する内閣府令	開示府令
投資信託及び投資法人に関する法律	投信法
金融商品の販売等に関する法律	金販法
資金決済に関する法律	資金決済法
金融商品の販売等に関する法律施行令	金販法施行令
犯罪による収益の移転防止に関する法律	犯収法
犯罪による収益の移転防止に関する法律附則	犯収法附則
犯罪による収益の移転防止に関する法律の一部を改正する法律の施行に伴う関係政令の整備等及び経過措置に関する政令	犯収法経過措置令
犯罪による収益の移転防止に関する法律施行令	犯収法施行令
犯罪による収益の移転防止に関する法律施行規則	犯収法施行規則
犯罪収益移転防止法に関する留意事項について（金融庁）	犯収法ガイドライン
「犯罪による収益の移転防止に関する法律の一部を改正する法律の施行に伴う関係政令の整備等及び経過措置に関する政令案（仮称）」等に対する御意見並びに御意見に対する警察庁及び共管各省庁の考え方について（平成24年3月警察庁）	犯収法政省令パブコメ回答

外国為替及び外国貿易法	外為法
個人情報の保護に関する法律	個人情報保護法
犯罪利用預金口座等に係る資金による被害回復分配金の支払等に関する法律	振込詐欺救済法
組織的な犯罪の処罰及び犯罪収益の規制等に関する法律	組織的犯罪処罰法
偽造カード等及び盗難カード等を用いて行われる不正な機械式預貯金払戻し等からの預貯金者の保護等に関する法律	預金者保護法
電子消費者契約及び電子承諾通知に関する民法の特例に関する法律	電子契約法
不当景品類及び不当表示防止法	景表法
後見登記等に関する法律	後見登記法
主要行等向けの総合的な監督指針	主要行監督指針
中小・地域金融機関向けの総合的な監督指針	中小地域監督指針
保険会社向けの総合的な監督指針	保険会社監督指針
金融商品取引業者等向けの総合的な監督指針	金商業等監督指針
預金等受入金融機関に係る検査マニュアル	金融検査マニュアル
金融商品取引業者等検査マニュアル	金商業者等検査マニュアル
金融庁「金融分野における個人情報保護に関するガイドライン」	金融庁GL
金融庁「金融分野における個人情報保護に関するガイドラインの安全管理措置等についての実務指針」	実務指針
全国銀行協会「インターネット・バンキングにおいて留意すべき事項について」	全銀協IB留意事項
全国銀行協会「預金等の不正な払戻しへの対応について」	全銀協不正払戻対応
全国銀行協会「犯罪利用預金口座等に係る資金による被害回復分配金の支払等に係る事務取扱手続」	振り込め詐欺救済ガイドライン
日本証券業協会「広告等に関する指針〔平成24年3月〕」	日証協広告等指針
金融監督庁「金融サービスの電子取引の進展と監督行政」（電子金融研究会報告・平成12年4月18日）	金融電子取引・監督行政報告

「金融商品取引法制に関する政令案・内閣府令案等」に対するパブリックコメントの結果等について」（平成19年7月31日金融庁）コメントの概要及びコメントに対する金融庁の考え方	金商法政省令パブコメ回答
「金融商品取引業者等向けの総合的な監督指針」の一部改正（案）に対するパブリックコメントの結果等について（平成23年2月15日金融庁）コメントの概要及びそれに対する金融庁の考え方（平成23年12月5日募集分）	平成23年監督指針パブコメ回答
経済産業省「電子商取引及び情報財取引等に関する準則」	電子商取引準則
経済産業省「電子消費者契約及び電子承諾通知に関する民法の特例に関する法律逐条解説」	電子契約法逐条解説
全国銀行協会	全銀協
日本証券業協会	日証協

2　判例等

民集　最高最判所民事判例集

刑集　最高裁判所刑事判例集

裁判集民事　最高裁判所裁判集民事編

判時　判例時報

判タ　判例タイムズ

金判　金融・商事判例

金法　旬刊金融法務事情

目　次

Ⅰ　インターネットバンキングとは

1　インターネットバンキングの歴史 ……………………………………2
2　インターネットバンキングの特徴 ……………………………………7
3　インターネットバンキングへの取組み ……………………………12
4　インターネットバンキングによるビジネス展開 …………………21

Ⅱ　口座開設

5　インターネットバンキングでの取引時確認の方法 ………………26
6　成年後見人等が成年被後見人等の預金口座を開設する際の注意点 …31
7　自筆困難者の預金口座開設への対応 ………………………………38
8　外貨預金口座開設への対応 …………………………………………41
9　インターネットバンキングにおける契約の成立時期等 …………44
10　預金口座開設時における詐欺罪の成立 …………………………49
　コラム　10月12日は「ネット銀行の日」……………………………52

Ⅲ　預金口座の管理

11　成年後見人等が成年被後見人等の預金口座を管理する際の注意点 …54
12　口座凍結要請（通報があった場合の初動）………………………58
13　口座凍結要請（口座名義人からのクレーム）……………………63
14　口座凍結要請（金融機関の責任）…………………………………66
15　口座凍結預金の相殺 …………………………………………………69
16　被害回復分配金の支払 ………………………………………………74

Ⅳ 振込み・為替

17 インターネットバンキングと振込み・為替機能の重要性 ……………… 78
18 為替取引の一般的な注意点 …………………………………………… 82
19 仮名名義口座への対応 ………………………………………………… 86
20 相続預金への対応 ……………………………………………………… 91
21 無権限者による不正な振込みへの対応 ……………………………… 95
22 誤振込み・組戻しへの対応 …………………………………………… 100
23 イレギュラーな（ウェブサイト外や口座名義人によらない場合など）
   振込みへの対応 ………………………………………………………… 106
24 外為法上の注意点 ……………………………………………………… 111
25 為替予約 ………………………………………………………………… 116

Ⅴ 融　資

26 インターネットバンキングでの融資取引 …………………………… 122
27 インターネットバンキングでの融資と高齢者等 …………………… 126
28 インターネットバンキングでの代理人との融資取引 ……………… 130
29 でんさいと銀行取引 …………………………………………………… 133
30 与信業務におけるでんさいネットの利用手続 ……………………… 137
□ラ△ 海外における先進的なインターネットバンキング・サービス …… 140

Ⅵ 登録金融機関業務・保険募集業務

31 広告規制 ………………………………………………………………… 142
32 説明義務の履行 ………………………………………………………… 148
33 顧客カードの共有 ……………………………………………………… 153
34 法定書面の交付 ………………………………………………………… 158
35 保険募集 ………………………………………………………………… 163
□ラ△ 金融ADRとインターネットサービス ………………………………… 168

Ⅶ 犯収法対応

- 36 改正前の犯収法に基づく本人確認済みの顧客に係る取引時確認 ……… 170
- 37 借名名義の変更 ……………………………………………………………… 175
- 38 疑わしい取引 ………………………………………………………………… 178
- 39 継続的モニタリング ………………………………………………………… 181
- コラム 供託制度の活動 ……………………………………………………… 184

Ⅷ 監督・検査対応

- 40 監督・検査への対応 ………………………………………………………… 186
- 41 システム障害時の対応・顧客からの苦情への対応 ……………………… 191
- 42 外部委託の際の注意点 ……………………………………………………… 196

Ⅸ インターネットバンキングでの顧客満足度向上とセキュリティ対策

- 43 インターネットバンキングでの顧客からの問合せ等への対応 ………… 202
- 44 フィッシング関係 …………………………………………………………… 207
- 45 近年の不正利用の動向と対応 ……………………………………………… 213

Ⅹ インターネットバンキングの課題と対応

- 46 睡眠預金口座の解消 ………………………………………………………… 220
- 47 反社会的勢力との関係遮断 ………………………………………………… 223
- 48 ウェブサイト作成上の注意点 ……………………………………………… 230
- 49 BCP対策 ……………………………………………………………………… 235
- 50 ターゲットとする利用機種 ………………………………………………… 238

事項索引 ……………………………………………………………………………… 244

インターネットバンキングとは

1 インターネットバンキングの歴史

Q インターネットバンキングはどのように登場し発展してきましたか

A わが国におけるインターネットバンキングは、1990年代後半に銀行取引の変容とともに生まれた新しい金融サービスです。ネット専業銀行の誕生をみただけでなく、異業種からの銀行業への参入という側面もみられ、現在では、多くの店舗を有する金融機関においてもインターネットバンキングサービスを併設させ、顧客の利便性を図っています。

インターネットバンキングに関係する法令や金融庁の監督指針、金融検査マニュアル等は、インターネット環境の変化や金融犯罪の多様化等を受けて改正され、現在に至っていますが、取引の安全性確保、顧客への十分な情報提供は、金融機関が今後も継続して取り組むべき課題であるといえます。

解 説

1 インターネットバンキングの登場

インターネットバンキングとは、顧客が自己のコンピュータや携帯端末等により、インターネットを通じて銀行などの金融機関のサービスを利用することを意味します。ネットバンキング、オンラインバンキングなどと呼ばれることもあります。

インターネットバンキングは、金融機関（特に銀行）が店舗以外にもサービス提供の場を広げたり、取引時間を延長したりするなかで、1990年代後半に生まれたサービスです。

店舗以外での取引を加速させた出来事としては、テレホンバンキングや現金自動預払機（ATM）の普及があります。それまで顧客は銀行の営業日、営業時間内に来店する必要がありましたが、営業時間外や休日にも利用できるようになりました。ATMはコンビニや駅など銀行の店舗外にも設置され、顧客の利便性が格段に向上しました。金融機関にとっては、行庫員が行っていた事務の一部を顧客自身が行うかたちになり、相談業務などに人員を割けるようになり、コストの削減や業務の効率化がより充実しました。

　この流れをさらに進めたのが、インターネットバンキングです。Windows95の発売以降、パソコン（PC）が急速に普及したこと、インターネット利用者が増加し、ブロードバンド化が進展したことがインターネットバンキング開始の背景にあります。iモードをはじめとする携帯電話のネットサービスに対応したモバイルバンキングは、インターネットバンキングの派生型といえます。これらのサービスによって、顧客はPCや携帯電話があれば、場所や時間を選ばず銀行取引ができるようになりました。

　インターネットバンキングでは、銀行取引に使う装置の大部分を顧客自身が用意するため、金融機関は設備投資等のコストを抑えられる一方で、スマートフォン、タブレットの普及など、各種デバイスの普及・変化に適時に対応していく必要があります。

2　新たな形態の銀行の誕生

　インターネットバンキングは、従来型の多くの金融機関では、店頭サービスを補完、拡充する位置づけとなっていますが、店舗網をもたず、インターネットを中心に展開するインターネット専業銀行も登場しました。

　その第1号であるジャパンネット銀行は、さくら銀行・住友銀行（現三井住友銀行）、富士通等が出資し、2000年10月に開業しました。2006年にはヤフーと包括的提携を結び、同社が資本参加しました。三井住友銀行の銀行経営ノウハウ、富士通のシステム技術とヤフーのネットビジネスでの強みを生

かし、先進的な決済サービスを中心として、銀行初の商品・サービスを多く生み出しています。

インターネット専業銀行としては、ジャパンネット銀行に続いて、2001年6月にはソニー銀行、同年7月にはイーバンク銀行（2010年5月に楽天銀行に改称）がそれぞれ開業しました。その後も住信SBIネット銀行（2007年7月開業）、じぶん銀行（2008年6月開業）、大和ネクスト銀行（2011年5月開業）と、新規参入が続きました。

さらに、インターネット専業銀行以外では、コンビニ等に設置したATM事業を中心に展開するアイワイバンク銀行が2001年4月に開業しました（2005年10月にセブン銀行に改称）。2007年10月にはショッピングセンター等に設置した銀行店舗を中心に、商業と銀行業の融合を目指すイオン銀行が開業しました。

これらの銀行は、従来の銀行にない「新たな形態の銀行」と位置づけられており、インターネット企業や製造業、流通業等による異業種企業の銀行業への参入という側面もあります。各銀行とも設立母体や主要株主などの特徴を生かし、独自性のある銀行サービスを提供しています。

3 法律・制度の整備

新たな形態の銀行の設立や異業種企業からの銀行業への参入と前後して、法律や制度も整備されました。第2次橋本内閣で進められた金融システム改革（いわゆる「日本版ビッグバン」）では、業態の垣根を越える業務拡大や商品規制撤廃など、規制の撤廃・緩和が進められました。1998年に施行された改正銀行法においては、独占禁止法の改正を受けて銀行持株会社の設立が認められ、銀行や銀行グループ会社の業務範囲が弾力化されました。

インターネットバンキングを取り扱う銀行が増加したことを受け、2000年4月には、全銀協から会員行に対し、「インターネット・バンキングにおいて留意すべき事項について」として、実務面の指針が通達されました。

インターネット専業銀行設立や異業種参入の動きが加速した2000年8月には、金融再生委員会・金融庁から「異業種による銀行業参入等新たな形態の銀行業に対する免許審査・監督上の対応（運用上の指針）について」が公表されました。異業種参入や新たな形態の銀行は、金融の活性化や利用者の利便の向上に寄与する可能性がある一方で、従来の銀行においては想定していなかった以下のようなさまざまな観点からの問題が考えられるため、免許審査や免許後の監督において十分なチェックを行う、としています。

① 子銀行の事業親会社等からの独立性確保の観点
② 事業親会社等の事業リスクの遮断の観点
③ 事業親会社等と総合的な事業展開を図る場合の顧客の個人情報の保護の観点
④ 資産構成が国債等の有価証券に偏っている場合のリスク管理や収益性の観点
⑤ 有人店舗をもたずインターネット・ATM等非対面取引を専門に行う場合の顧客保護の観点

なお、上記の運用上の指針の内容は、現在の主要行監督指針Ⅶ「銀行業への新規参入の取扱い」の項目に引き継がれています。

規制の制限・撤廃の一方で、新たな規制も導入されました。1998年施行の改正銀行法では、自己資本比率規制のグループ規制化やアームズ・レングス・ルールが規定されるなど、単体中心の規制からグループ規制へと大きく転換しました。2002年施行の改正銀行法では、異業種による銀行業への参入ルールが整備されました。具体的には、銀行の株式所有に係る届出制度、銀行の主要株主になる場合の認可制度、大口主要株主に対する業務改善命令制度等が導入され、銀行経営の健全性確保の観点から必要な場合には、監督当局は、銀行の主要株主に対し報告を求め、立入検査を行うことが定められました。

4 課題等

　この後、インターネットバンキングに関係する法令や金融庁の監督指針、金融検査マニュアル等は、インターネット環境の変化や金融犯罪の多様化等を受けて改正され、現在に至ります。たとえば、監督指針でも、インターネット専業銀行と店舗併用型の銀行の双方を対象にインターネットバンキングに関する監督上の留意点が定められるとともに（主要行監督指針Ⅲ－3－8、中小地域監督指針Ⅱ－3－5）、インターネット専業銀行について有人店舗をもたずインターネット・ATM等非対面取引を専門に行う場合の顧客保護等の観点などの監督上の留意点が示されています（主要行監督指針Ⅶ－1－5）。また、金融検査マニュアルにおいても、システム管理態勢における情報セキュリティ管理の項目においてインターネットを利用した取引の管理に関する着眼点が示されております。このように監督指針や金融検査マニュアルにおいてもインターネットバンキングが一つの留意項目として掲げられています。

　インターネットバンキング特有の課題のなかでも、特に非対面取引であることによるリスク対策や顧客保護、すなわち不正・犯罪防止対策やシステムを中心としたセキュリティ対策等の取引の安全性確保、顧客がより内容を理解できるようにするための十分な情報提供などは、金融機関が今後も継続して取り組むべき課題であり、本書の各論においても重要なポイントとなっています。

2 インターネットバンキングの特徴

Q 対面取引と比較した場合、インターネットバンキングの特徴とは何ですか。また、このような特徴から、金融機関が、インターネットバンキングサービスを提供する場合には、どのような点に注意する必要がありますか

A インターネットバンキングでは、顧客の利便性の向上、金融機関のコスト削減という点でのメリットがある一方、金融機関の取得する情報が限定される、また、対面取引とは異なる不正利用の防止対策を検討する必要があるといった課題があります。

不正利用の防止対策としては、セキュリティ技術の確保、金融機関・顧客の意識向上等により、防止を図っていくことが必要になりますが、金融機関の取得する情報が限定されるという点については、利便性とトレードオフになる問題でもあるため、両者のバランスをとりながら実務運用や法制度・法解釈を考える必要があります。

解　説

1 インターネットバンキングの特徴

「インターネットバンキング」とは、顧客が自己のコンピュータまたは携帯端末等の電子機器によりインターネットを利用して行う銀行取引（振込み・振替え、照会、金融商品購入等）をいいます（なお、「携帯端末等の電子機器」を利用する場合を、「モバイルバンキング」として区別する例もありますが、ここでは両者を総称して「インターネットバンキング」とします）。

インターネットバンキングは、銀行取引を非対面取引で行い、このような非対面取引をインターネットを利用して行うという点が、他の取引方法と異なるといえます。銀行店舗における対面取引と比較した場合、顧客にとっては時間や場所を問わず銀行取引を行うことができるというメリットがあり、金融機関にとっても、店舗の設備・人件費等のコストを削減できるというメリットがあります。その一方、金融機関の課題としては、①金融機関が取得する情報が限定される、②対面取引とは異なる不正利用の防止対策を検討する必要があるという点があげられます。

2 金融機関による取得情報の限定

(1) インターネットバンキングにおいて、金融機関が取得する情報が限定されているという点を、預金の払戻し・送金の場合を例に考えてみます。

対面取引であれば、払戻し・送金請求者が預金者本人であるかどうかを確認するのに、預金通帳、届出印、キャッシュカード、身分証（自動車運転免許証、保険証、パスポート等）等の所持のほか、払出し・送金伝票と他書類との筆跡対照、過去の来店時との年齢、性別、人相、風貌の比較、本人情報（本人以外の者が知ることがあまり想定されない生年月日、住所、電話番号等の情報）の臨機応変な聴取など、幅広い認証情報を取得してこれを確認することができます。

一方、インターネットバンキングの場合、請求者が預金者本人であるかどうかを確認するのに、昨今ではさまざまな認証方式が検討・採用されていますが、認証情報が、ID、パスワード、暗証番号、乱数表、合言葉等に限定されています。

このように、インターネットバンキングの場合、対面取引と比較して、金融機関が取得する認証情報が限定されており、金融機関としては少ない情報で本人であるかどうか確認しなければならない点に注意すべきです。

(2) また、インターネットバンキングでは、融資や金融商品販売時の適合性原則、説明義務の遵守を確認するという点でも注意を要します。

対面取引であれば、直接に口頭等の手段で顧客の属性等の確認を行い、確認した属性等を基準に、説明方法に配慮する等の対応を行うことも考えられますがインターネットバンキングでは、各金融機関で工夫がされていますが、顧客の細かい属性等の確認が困難である場合や当該確認等に時間を要する場合があったり、画一的な処理になるおそれがありえます。

(3) そして、上記のリスクについては、インターネット専業銀行の場合、よりいっそう当てはまる可能性があります。

インターネット専業銀行では、顧客とのコミュニケーションが、基本的にはインターネット、電子メール、郵便、電話に限られています。店舗を有する銀行であれば、インターネットバンキングを行う場合でも、預金口座の開設自体は店舗で行っていたり、その後に必要な場合には、店舗において情報収集を行うことも可能ですが、インターネット専業銀行の場合には、このような対面での顧客対応等がむずかしい場合もありえます。

特に仮名名義・借名名義や架空名義など、預金者の認定が必要となるようなイレギュラーなケースについては、工夫を要することも考えられます。

3 対面取引とは異なる不正利用の防止対策

対面取引とは異なる不正利用の防止対策を検討する必要がある点については、上記のように、金融機関が取得する情報が少ないことがその理由の一つとして考えられます。

また、対面取引の場合に用いられる預金通帳、届出印や身分証の所持、人相といった認証情報は、そもそも情報自体が複製困難ですが、インターネットバンキングにおいて認証情報として用いられるIDやパスワード等自体は単なる記号であり、必ずしも複製や不正操作が困難とはいえないという点も

その理由と考えられます。

　さらに、これらの認証情報の不正取得手段として、①顧客が日常的にインターネットを利用するなかで、金融機関を装ってメールを送るなどして、顧客に偽のホームページにアクセスさせて、そのページや表示されたポップアップ画面においてID、パスワード、乱数表や合言葉等を入力するよう仕向けたり（フィッシング詐欺）、②金融機関を装って添付ファイルつきのメールを送るなどして、顧客にプログラムをインストールさせ、顧客のコンピュータからIDやパスワードを取得する（スパイウェア）などといったインターネット特有の手口がとられることもあります。このように、取引にインターネットが介在することにより、顧客が日常において電子メールを確認したり、ウェブサイトを閲覧するに際して、さまざまに認証情報の不正取得を仕向けられる気があることも、対面取引とは異なる不正利用の防止対策を検討すべき理由の一つと考えられます。なお、最近では、使い捨てパスワード（ワンタイムパスワード等）を不正取得する手口も現れてきており（平成25年9月2日独立行政法人情報処理推進機構「インターネットバンキング利用時の勘所を理解しましょう！」）、いっそうの対策強化が求められています。

　実際にも、インターネットバンキングにおける不正送金による被害額は、2013年1月から4月までの被害額が2012年の被害額を大幅に上回り、1月から8月までですでに過去最高の被害が生じているとのことです（平成25年5月1日警察庁「インターネットバンキングに係る不正送金事案への対策について」）。

4　インターネットバンキングにおける注意点

　以上のとおり、インターネットバンキングでは、顧客の利便性の向上、金融機関のコスト削減という点でのメリットがある一方、金融機関の取得する情報が限定される、また、対面取引とは異なる不正利用の防止対策を検討する必要があります。そして、不正利用の防止対策としては、セキュリティ技

術の確保、金融機関・顧客の意識向上等により、防止を図っていくことが必要になります。

一方、金融機関の取得する情報が限定される点については、利便性とトレードオフになる問題でもあるため、両者のバランスをとりながら実務運用や法制度・法解釈を考える必要があります。そして、インターネット専業銀行が預金残高や口座数を拡大してきている現状からすれば、実務運用や法制度・法解釈を検討するにあたっても、このような業態をも念頭に置いたうえで検討する必要があると考えられます。それゆえ、インターネットバンキングサービスを提供する金融機関は、個々の事案等が発生した場合、当該金融機関内の関連部署との協議や専門性の高い外部弁護士等のリーガルチェックやアドバイスを得つつ、必要がある場合には業務フローを改善するなど態勢整備を行うことが重要であり、顧客利便性向上につながるような検証が求められると考えられます。

また、政府の規制改革会議において、インターネットでの本人確認の方法を容易にし、金融商品の契約締結前交付書面の交付をメールなど電子書面での提供を原則とするなどのことが検討されているとおり（平成25年9月12日第15回規制改革会議資料3参照）、これらの動向にも注意しつつ、セキュリティ対策等を充実させることが、金融機関に対する責任追及に対する法的なリスクヘッジの観点からも重要であると思われます。

3 ▶ インターネットバンキングへの取組み

Q 金融機関は、現在どのようにインターネットバンキングに取り組んでいますか

A 店舗を有する預金取扱金融機関では、インターネットバンキングをリテール強化の有効な手段として位置づけ、積極的に推進しています。これまで、照会系取引・振込み等の基本的な取引に加え、預り資産ビジネスやローンビジネス等の幅広い機能を提供してきました。

インターネット専業銀行は、ローコスト体質による競争力のある金利、インターネットショッピングとの決済連携等を強みに拡大を続けています。預金取扱金融機関との競争が激化するなか、機動的なIT投資による差別化を図っています。

解　説

1 インターネットバンキングの現状

金融機関が現在インターネット向けに提供しているサービスは、預金取扱金融機関によって提供されるインターネットバンキングサービス、インターネット支店、インターネット専業銀行提供サービスの大きく3種類に分かれます。もともと店舗を中心として金融サービスを提供していた預金取扱金融機関と、インターネット上に特化して事業を展開するインターネット専業銀行では、成立ちや戦略に相違があるため、それぞれに関する背景・成立ちやこれまでの取組みについて把握することが必要です。

(1) **預金取扱金融機関におけるインターネットバンキング**
① 金融機関を取り巻く環境

　1990年代半ば以降、金融機関における預貸率は低下の一途をたどっています。これは、たとえば製造業でのコスト効率化を目的とした海外生産割合の高まりから、国内中小企業の生産活動が縮小し、結果として金融機関からの貸出が減少していること等が要因と考えられます。このような状況下で継続して収益を確保するため、金融機関は中小企業向け貸出に頼らないビジネスモデルの構築を迫られています。大きなトレンドとして、都市銀行は国内でのリテールに加えて海外まで視野を拡げた収益拡大を、地域金融機関は住宅ローンを中心とした個人向け貸出を強化する方針と認識されます。

　また、金融機関における役務収益は、金融ビッグバン以降の規制緩和により、投資信託や保険の取扱いが拡大していることを背景に、徐々に拡大する傾向にあります。本格化してまだ10年程度しか経っておらず、金融機関における預り資産取引は黎明期にあり、2014年よりスタートするNISA（少額投資非課税制度）等が契機となり、今後これまでにも増して取引が伸長することが期待されています。

② リテール強化施策としてのインターネットバンキング

　2000年前後の登場当時、インターネットバンキングは、顧客がすでに保有している口座を利用したサービスをインターネット経由で提供することによる、店舗・ATMでの混雑緩和やローコストオペレーション化等を目的としていました。その後インターネット利用の急速な普及を背景に、顧客にとってより身近な顧客接点となったことで、既存顧客の満足度向上や新規顧客獲得に資する有力チャネルとなっていきました。現在では、都市銀行・地域金融機関問わず、ほとんどの国内金融機関においてインターネットバンキングサービスが提供されている状況です。

　インターネットバンキングでの取引は、最初の段階として残高照会等の取引履歴を告知するサービス（以下「照会系取引」といいます）や振込み・振替

えに関連する取引が提供され、その後投資信託等の預り資産取引・ローン取引等に拡張されてきました。足元では、インターネットバンキングで利用可能な金融取引は、使い勝手等程度の違いはあるものの、多くの金融機関で一定のカバレッジが確保されていると認識されます。

　金融機関が今後より効果的にインターネットバンキングを活用して差別化を図るには、利用可能な金融取引ラインナップを拡大することにとどまらない、時々刻々と変容する顧客ニーズをとらえた実効的な施策が求められると考えられます。

(2)　地域金融機関を中心として展開されるインターネット支店

　昨今、特に地域金融機関において、人口減少・都市部への人口移動に伴う個人金融資産流出への課題意識が強まっています。

　国立社会保障・人口問題研究所の推計によると、2010年と2020年の人口を都道府県別に比較した場合、人口が増加すると見込まれるのは東京・神奈川・滋賀・沖縄のみであり、ほかは平均5％人口が減少する見込みです。今後預貯金・貸出金いずれにおいても、市場規模が縮小傾向となることは避けられないといえます。

　また、高度経済成長期に生じた地方から東京・名古屋・大阪の三大都市圏への急激な人口移動は、幾分緩やかになったものの継続して現在も続いています。中長期的に、地方に居住する親から都市圏の子供へ相続等が発生することにより、地方個人金融資産が都市圏に流出することで、さらに地方における個人金融資産の市場規模縮小に拍車をかける可能性が指摘されています。

　このような課題への対策として、地域金融機関において通常のインターネットバンキングのほか、「インターネット支店」の導入が進められてきました。「インターネット支店」とは、通常の口座保有者に対するインターネットバンキングサービスとは異なり、インターネット上の仮想支店に口座

を開設し、インターネット通帳（通帳レス）等の条件を受け入れる見返りとして、さまざまな特典を受けることができるスキームです。

インターネット支店導入の目的として、「都道府県内から他県へ進学・就職等を機に転出した顧客」や「都道府県外のITリテラシーが高い顧客」等に顧客の裾野を広げることがあげられます。実現にあたっては、これまでのところ以下のような戦略がとられています。

戦略Ⅰ：限定優遇金利商品等提供による明確なメリット提供戦略
戦略Ⅱ：独自性のある特典提供による実店舗との差別化戦略
戦略Ⅲ：地域色を打ち出したサービス提供による地域密着型アピール戦略
戦略Ⅳ：他業態（インターネットサービスプロバイダや航空会社）等との協業による顧客インターネット利用動線との連携

今後も、地域金融機関におけるエリアを問わないサービスを提供するチャネルとして、「インターネット支店」のさらなるサービス拡充が予想されています。

(3) インターネット専業銀行の動向

2000年に誕生したインターネット専業銀行は、店舗レス・通帳レスによるローコスト体質により競争力のある金利を提供できる点、インターネットにおける決済用口座としての親和性が高い点等が特徴です。2012年末時点で、インターネット専業銀行6行の預金残高合計は約8兆円と大手地銀に匹敵する規模に到達しています。

これまでのビジネスモデルは、預金取扱金融機関と同様に定期預金等を中心に集めた預金を住宅ローン等で貸し出すことによる資金運用収益中心の銀行、インターネット上での決済等に係る役務収益を追求する銀行等がみられました。最近では、無担保ローン（カードローン等）に注力することで効率的に資金運用収益を確保するケースや、グループ内の証券会社と連携することによるグループ全体収益の最大化を目指すケースなど、多様化が進んでい

ます。

　近年、預金取扱金融機関においてインターネット専業銀行を上回る金利での定期預金キャンペーンや低金利の住宅ローン等をインターネットバンキングで提供するケースがみられており、インターネット専業銀行の強みであった「競争力のある金利」のみでは差別化が容易ではなくなってきています。今後は、IT投資等への機動力が高いインターネット専業銀行ならではの新たな強みを見つけることが急務となっています。

2　インターネットバンキングの利用動向

(1)　インターネットの普及とインターネットバンキングの利用拡大

　国内におけるインターネット利用率は、現在20～30代でほぼ100％、40～50代でも約90％が利用しており、NTTデータ経営研究所の推計では2020年に60～70代も約70％がインターネットを利用すると見込まれています（図表1）。全銀協が2012年に実施した調査において、インターネットバンキング利用率が金融機関口座保有者の6割を超えていることからも、インターネット普及に後押しされ、顧客が金融機関とインターネット上で接する傾向の高まりがうかがえます。

(2)　スマートフォンバンキングの動向

　米国調査会社IDCによると、スマートフォンの年間世界出荷台数は、2011年に約5億台（前年比61％増）となり、パソコンの出荷台数約3.5億台（前年比2％増）を上回りました。グローバルレベルでみると、ここ数年で、インターネットアクセスの主役がパソコンからスマートフォンへ急速にシフトしている傾向が読み取れます。

　国内では、2010年時点でスマートフォン利用率はモバイル全体の9％であったところ、2011年に23％、直近では40％となっており、普及が加速化していることがうかがえます（インプレスR&D社による2012年調べ）。このトレ

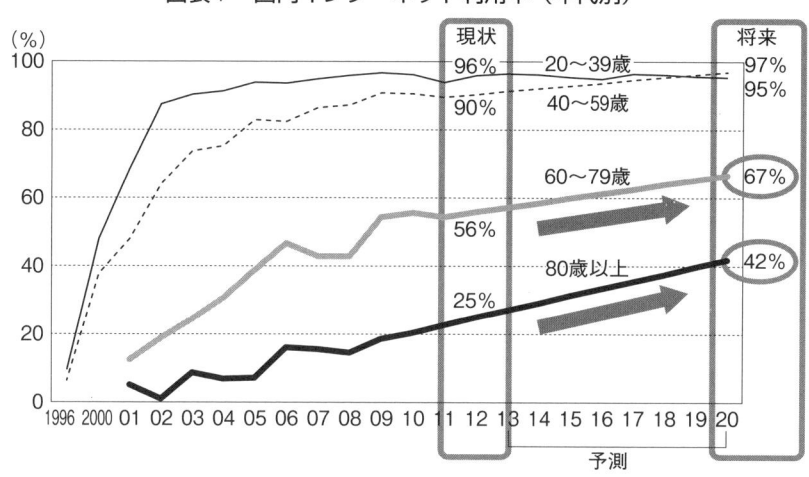

図表1　国内インターネット利用率（年代別）

（出典）　総務省「通信利用動向調査」をもとにNTTデータ経営研究所作成
　　　　なお、2013年以降は、NTTデータ経営研究所による推計値（1996～2010年
　　　　のデータのトレンドが2015年以降も継続すると仮定して推計）

ンドは今後さらに拡大し、数年後にはモバイル契約全体の大半がスマートフォンになると見込まれています。

スマートフォンでのインターネットバンキングの利用率は、現在2割程度ですが、今後の利用意向は3割を超えています（図表2）。加えて、米国ではスマートフォン利用者（約1.2億人）の約6割が「スマートフォンバンキング」を利用している（COMPETE社調べ）との統計があることを考えあわせると、近い将来日本でも大幅に利用が拡大する可能性は十分にあると考えられます。

(3)　**顧客目線でみたインターネットバンキングの課題**

NTTデータ経営研究所が実施したアンケート調査と総務省「通信利用動向調査」から、顧客がインターネットバンキング利用に至るまでの障壁につ

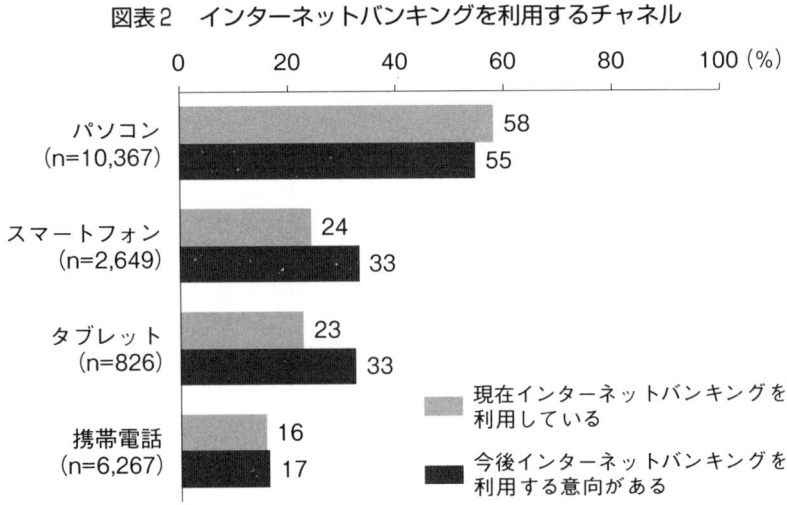

図表2　インターネットバンキングを利用するチャネル

（出典）　NTTアド 2012年実施調査結果をもとにNTTデータ経営研究所が作成

いて分析したところ、「インターネットバンキングを知っているにもかかわらず利用に対して興味がない」層の割合が高い結果となりました（図表3）。また、インターネットバンキングを利用しない理由として「店舗やATMを使うので必要ない」とする意見が多数を占める（図表4）ことからも、サービスの中身や利便性が利用者に正確に伝わっていないことがうかがえます。インターネットバンキングの「認知・興味をどのように高めるか」が、金融機関のインターネットバンキングへの取組みにおける大きな課題の一つといえます。

図表3　インターネットバンキングを利用するチャネル

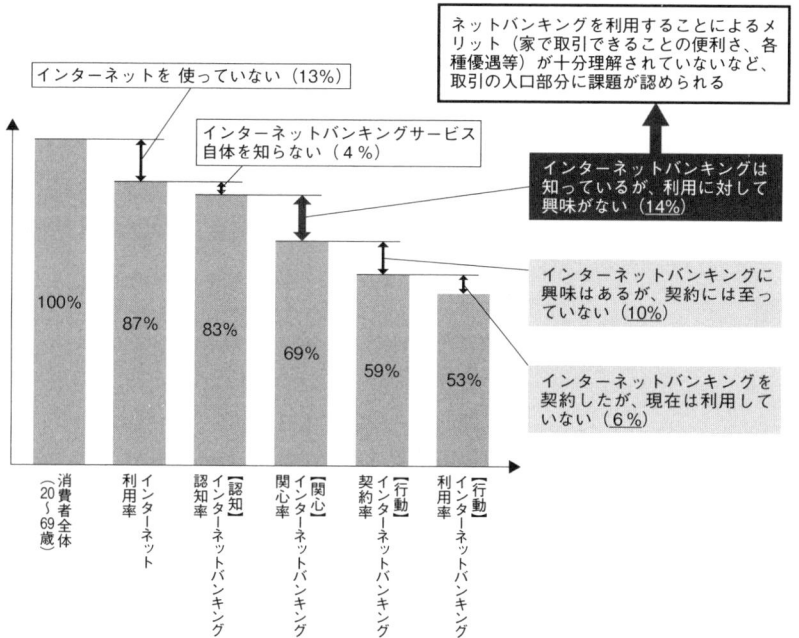

（出典）　NTTデータ経営研究所 2009年実施調査結果、総務省「通信利用動向調査」
　　　　　のデータをもとにNTTデータ経営研究所で推計

3　インターネットバンキングへの取組み　19

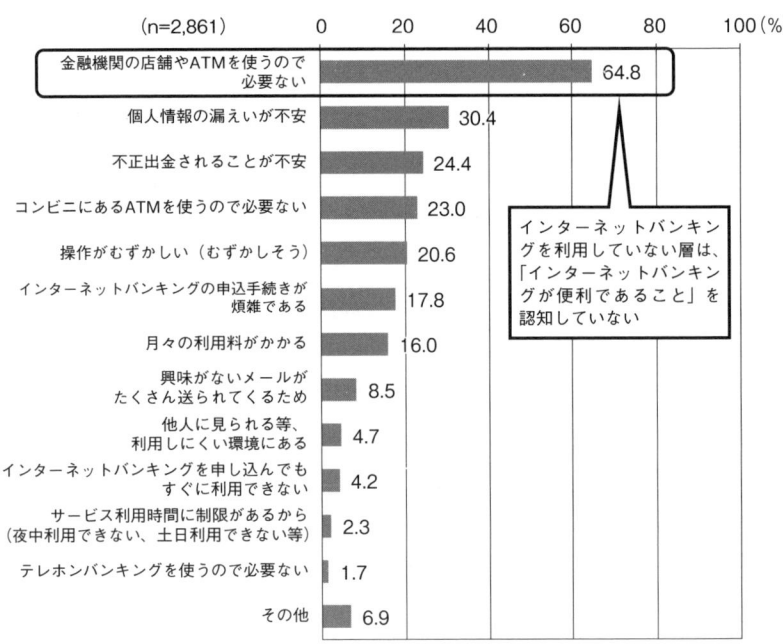

図表4　インターネットバンキングを利用しない理由

（出典）NTTデータ経営研究所 2011年実施調査

4　インターネットバンキングによるビジネス展開

Q インターネットバンキングの「認知・興味」を顧客に対して高めるためには金融機関にどのような施策が考えられますか。また、今後どのようなビジネス展開が考えられますか

A インターネットバンキングを利用していない層に対する体感の機会の提供、顧客一人ひとりを意識したマーケティング、スマートフォンを活用した顧客日常生活との接触強化等の施策が考えられます。また、スマートフォン等の最新機器を利用したサービスの展開が予想され、効果測定指標をベースとした改善活動の実施などが有用であると考えられます。

解　説

1　インターネットバンキングの「認知・興味」を高める施策方向性

　インターネットバンキングを行う金融機関が取り組む課題としては、インターネットバンキングのメリットをどのように伝えるか、いかにして興味をもってもらうか、といった点があげられます。以下、金融機関の取組み状況を踏まえて解説します。

(1)　インターネットバンキングの利便性体感

　インターネットバンキングを利用していない層に対する一つのアプローチとして、利便性を体感させる取組みがあげられます。

都市銀行Aでは、インターネットバンキングを契約していない顧客に対し、申込不要で照会系取引・インターネット相談・メール配信・資料請求等の機能を利用できる簡易版機能を提供しています。店番号・口座番号・カナ氏名・キャッシュカード暗証番号等で認証し、インターネットでの金融取引の入口ともいえるサービスを顧客に体感させることで、インターネットバンキング契約率を向上させることを目的としています。

　また、インターネット専業銀行Bでは、インターネットショッピングの決済動線内においてクレジットカードに近い操作性で銀行口座から直接支払ができるサービスを展開しており、インターネットバンキングの利便性認知度を向上させています。

(2) 精緻な顧客情報分析によるタイムリーな情報提供

　これまで金融機関は、大量の顧客に対し新商品・サービスやキャンペーン等に関するメールやメッセージを送信するプッシュ型マスマーケティング、地域や年齢等大きな区分でプロモーションを行うセグメンテーションマーケティングを行ってきました。顧客にとって興味がある案内・興味がない案内がランダムに送られてくるため、顧客の興味へのヒット率が低いだけでなく、「興味がないメールが頻繁に送られるのは迷惑」といったロイヤルティ低下等のマイナス効果を生む場合もみられました。

　インターネットバンキング利用に顧客が興味をもつには、顧客一人ひとりの特性にあわせて訴求力がある対応を行うことが求められ、その手段の一つとして、EBM（Event Based Marketing）の活用が有効と考えられます。EBMとは、店舗・ATM・渉外・インターネット等の顧客接点におけるあらゆる情報（取引履歴・相談履歴等）等を一元的に集約・分析することで、顧客のおかれた状況に合ったアプローチを仕掛けることを目指した取組みで、昨今多くの金融機関で検討が進められています。分析した結果に基づいたメール配信・店舗やATM等でのプロモーションにより、顧客が明確な目的

をもってインターネットバンキングを利用する動機を提供する、といった効果が期待できます。また、インターネットバンキング契約者に対しても、顧客状況にあわせてログイン後のページ上で表示するメッセージや広告内容を変更する等の施策を打つことが可能となります。情報保護ルール等を勘案し、今後もこれらの工夫をすることが考えられます。

(3) スマートフォンを活用した顧客との接点強化

　国内金融機関におけるスマートフォンバンキング機能は、都市銀行・インターネット専業銀行が先行しています。多くがブラウザベースでパソコン版インターネットバンキングと同様の機能を提供しており、アプリに関しては、店舗・ATM検索、収支管理等の付加価値機能、一部インターネット専業銀行で金融機能を提供しています。

　総務省「平成24年通信利用動向調査」によると、20代の約7割、30代の5割以上がスマートフォンからインターネットを利用している状況であり、スマートフォンが日常生活の多くのシーンで利用されつつあると認識されます。したがって、今後金融機関が顧客との接触頻度・接触時間を拡大する手段として、スマートフォンの有効性は高いといえるでしょう。

　スマートフォンバンキングにおいて先行する海外金融機関では、アプリを利用した決済機能・付加価値機能を提供することにより顧客の日常生活と密接に連携することを志向する取組みが多くみられます。

　決済機能では、スマートフォンに搭載された非接触ICの国際標準規格「NFC（Near Field Communication）」やカメラと連動した決済、ソーシャルメディアと連携したアプリ、クレジットカード会社・他社Wallet機能と連携したアプリ等が提供されています。オーストラリア大手のコモンウェルス銀行は、決済サービス業者提携決済・電子メールアドレスを利用した個人間決済・Facebookアカウントを利用した決済等の豊富な決済手段をスマートフォン上で提供することで、顧客をインターネットバンキング利用に誘導してい

ます。

　付加価値機能としては、位置基盤情報をベースとした店舗誘導機能、クーポン機能、ゲーム性を取り入れた貯蓄支援・支出診断等が提供されています。スマートフォンバンキングへの取組みを2009年より始めている韓国ハナ銀行では、2010年に「位置基盤サービス」「クーポンサービス」「オンライン家計簿サービス」を提供しましたが、これにより利用者が20倍となったとの実績が公表されています。

　海外事例や、スマートフォン利用者のほとんどがアプリをダウンロードし利用する傾向をかんがみると、本邦においてもスマートフォンバンキングは今後アプリを活用した差別化サービスの提供がスタンダードとなるものと予想されます。

2　インターネットバンキングの今後の展望

　インターネットバンキングは、元来「店舗で行ってきた取引を自宅にいながら行える」ことをコンセプトとしてきました。今後は、スマートフォン等を中心に、インターネットならではの特性を生かした「金融機関の新たなサービス」を発信する中枢となると考えられます。加えて、他業態のサービスと同様「アクセス数」や「サイト滞在時間」等のKPI（Key Performance Indicators．効果測定指標）をベースとした改善活動を実施することで、継続的に効果を最大化することが実現可能となります。

II 口座開設

5 インターネットバンキングでの取引時確認の方法

Q インターネットバンキングで、顧客等から預金口座開設の申出を受けた場合、金融機関は取引時確認をどのように行うべきですか

A インターネットバンキングで顧客等から預金口座開設の申出を受けた場合、本人特定事項については、本人確認書類またはその写しの送付を受け、かつ、当該書類に記載の顧客等の住居等に宛てて取引関係文書を書留郵便等により転送不要郵便物等として送付する方法や本人限定受取郵便（特定事項伝達型）による方法等により確認し、その他の事項についても顧客等からの申告を受けるなどして確認する必要があります。

解　説

1　取引時確認の義務

　金融機関は、特定事業者として、対面取引であれ、インターネットバンキングのような非対面取引であれ、顧客等から預金口座の開設の申出を受けた場合には、犯収法に従って、当該顧客等について、①本人特定事項、②取引を行う目的、③職業（当該顧客等が自然人である場合）、事業の内容（当該顧客等が法人である場合）、④事業経営を実質的に支配することが可能となる関係にある者の本人特定事項（当該顧客等が法人である場合であって、該当するとき）の確認を行う必要があります（犯収法4条1項、2条2項）。

　このような取引時確認については、顧客等から直接確認ができる対面取引と異なり、非対面取引では顧客等から直接確認ができないため、確認方法と

して特別の規定が置かれています。

❷　本人特定事項の確認方法

　非対面取引における、上記①にいう本人特定事項の確認方法としては、次のような方法等が考えられています（犯収法施行規則5条参照）。

(1) 本人確認書類の送付を受けたうえで、顧客等の住居等に取引関係文書を送付する方法

　まず、顧客等の本人確認書類（印鑑登録証明書、運転免許証等など、犯収法施行規則6条）又はその写しの送付を受けて当該本人確認書類又はその写しを確認記録に添付するとともに、当該本人確認書類又はその写しに記載されている当該顧客等の住居等に宛てて、預金通帳その他の当該顧客等との取引に係る文書（取引関係文書）を書留郵便等により、転送不要郵便物等として送付する方法があります（犯収法施行規則5条1項1号ハ、3号ロ）。

　対面取引においては、店頭に本人確認書類の実物を携行することが困難ではなく、ことさらその写しを持参して利用しようとする顧客等は、偽造を行っている可能性を否定できないことから、写しの提示が認められていません（犯収法施行規則5条1項1号イ、ロ、3号イ）。他方、非対面取引においては、本人確認書類の現物の送付は容易ではなく、写しを送付しても偽造を行っている可能性があるとは必ずしもいえないことから、「写しの送付」も認められています。具体的には、ファックスによる送信で受けたり、当該写しに係る画像ファイルをインターネット、電子メール経由で受けたりすることも可能と解されています。

　また、送付対象物である取引関係文書とは、預金通帳やキャッシュカードほど重要なものでなくてもよいが、預金通帳が例示されている以上、誰にでも頒布されるパンフレットでは足りず、特定事業者（銀行）と顧客等との間の取引に係る文書であって、通常他の者への到達が期待されないもの（契約

書、領収書、第1回の取引明細書等）である必要があるとされています。

　さらに、取引関係文書を送付する方法に代えて、金融機関の役職員が、本人確認書類またはその写しに記載されている顧客等の住居等に赴いて当該顧客等に取引関係文書を交付する方法によることも認められています（犯収法施行規則5条4項）。

　なお、政府の規制改革会議では、非対面取引での取引時確認について、利便性を高めるため、本人確認書類の送付に代えて、非対面取引で完結する本人特定事項の確認方法の構築が提言されており、今後の動向が注目されます（平成25年9月12日第15回規制改革会議資料3参照）。

(2) 本人限定受取郵便（特定事項伝達型）による方法

　次に、名宛人本人もしくは差出人の指定した名宛人に代わって受け取ることができる者に限り交付する郵便またはこれに準ずるものであって、特定事業者に代わって住居を確認し、本人確認書類の提示を受け、一定事項を当該特定事業者に伝達する措置がとられているものによる方法が定められています（犯収法施行規則5条1項1号ニ、17条1項1号、3号（括弧書を除く）、11号）。

　いわゆる「本人限定受取郵便（特定事項伝達型）」と呼ばれるものですが、本人確認書類の金融機関に対する提示や送付が行われない例外的な確認方法であり、確実に確認の措置がなされる必要があることから、郵便物等を交付した者から金融機関に対して本人確認に係る一定事項の伝達措置がとられることが求められています。

(3) 電子証明書を利用する方法

　さらに、電子証明書・電子証明書により確認される電子署名が行われた特定取引等に関する情報の送信を受ける方法が定められています（犯収法施行規則5条1項1号ホ、3号ハ）。

3 取引を行う目的等の確認方法

　取引時確認が求められる事項のうち、②取引を行う目的、③職業、④実質的支配者の確認については、顧客等から申告を受ける方法によるものとされています（犯収法施行規則8条、9条1号、10条1項）。したがって、非対面取引におけるこれらの確認方法につき対面取引のそれと比べて特別の対応が必要になることはありません。

　次に、③事業の内容については、定款、設立登記に係る登記事項証明書、有価証券報告書等またはその写しを確認する方法によるものとされています（犯収法施行規則9条2号）。これらの書類のさらなる具体的な確認方法までは規定されておらず、対面取引であれば提示による確認となりますが、非対面取引であれば、郵送、ファックス、画像ファイルのインターネットもしくは電子メール経由での送付を受けての確認・オンライン登記もしくはEDINETでの確認が考えられます。

4 監督指針等の記載

　主要行監督指針Ⅲ－3－8－2(4)、中小地域監督指針Ⅱ－3－5－2(4)においては、「インターネットバンキングが非対面取引であることを踏まえた、取引時確認等の顧客管理態勢の整備が図られているか」とされ、参考として全銀協IB留意事項があげられています。その全銀協IB留意事項においては、「インターネットバンキングの取引開始時の本人確認について、マネーローンダリング防止等の観点から、犯罪収益移転防止法に照らして十分な対応を図っているか。」などとされています。

　そして、非対面取引により開設される預金口座は架空名義口座等の創出に利用されることが多いことから、銀行業界では特に丁寧に取引時確認が実施されてきました。具体的には、①申込者に対して電話（訪問・礼状送付）による確認を行う、②私設私書箱業者等の住所データ等の不審データを整備す

る、③偽造、改ざんした本人確認書類の写しによる口座開設申込先や不自然な複数口座保有先等口座開設を謝絶した先のデータ管理を行うといったものです。

　主要行監督指針等において求められている「取引時確認等の顧客管理態勢の整備」という観点からすれば、非対面取引に関し金融実務上従来から行われてきた上記対応は継続して行うことが望ましく、特に上記②③については、問題先の管理に係る事項ですが、インターネットバンキングを通じた不正防止の観点から引き続き実施していくことが望ましいと思われます。

　さらに、犯収法ガイドラインにおいては、非対面取引につき、「当該取引の顧客等がなりすまし・偽り等を行っているおそれがあることを踏まえ、たとえば、もう一種類の本人確認書類や本人確認書類以外の書類等を確認することで、顧客等と取引の相手方の同一性判断に慎重を期するなどして、十分に注意を払うこと」とされており、やはり慎重な対応が求められています。

5　まとめ

　以上のとおり、インターネットバンキングにおいて顧客等から預金口座開設の申出を受けた場合、本人特定事項については、本人確認事項またはその写しの送付を受け、かつ、当該書類に記載の顧客等の住居等に宛てて取引関係文書を書留郵便等により転送不要郵便物等として送付する方法や本人限定受取郵便（特定事項伝達型）による方法等により確認し、その他の事項についても顧客等からの申出を受けるなどして確認する必要があります。そして、インターネットバンキングを通じた不正防止の観点から、より慎重な取引時確認・顧客管理態勢の整備が求められているといえます。

6 成年後見人等が成年被後見人等の預金口座を開設する際の注意点

Q 代理権を有する成年後見人・保佐人・補助人が成年被後見人・被保佐人・被補助人の預金口座を開設する場合の金融機関の注意点は何ですか

A
① 成年後見人・保佐人・補助人（以下「成年後見人等」といいます）についても本人特定事項の確認が必要です。
② 成年後見人等が成年被後見人・被保佐人・被補助人（以下「成年被後見人等」といいます）のために取引の任に当たっていることの確認が必要です。
③ 成年後見人等・成年被後見人等から、成年被後見人等が預金口座を利用した場合、成年後見人等はすべてこれに同意する等の書面の提出をあらかじめ受けておくことが望ましいと考えられます。

解 説

1 インターネットバンキングにおける預金口座開設方法

　インターネットバンキングにおいて預金口座を開設する場合、金融機関の窓口での預金口座開設の方法と、郵送による預金口座開設の方法とがあります。このうち、郵送による預金口座開設の場合は、預金口座開設が非対面で行われることとなり、対面取引の場合と比較して金融機関が取得できる情報が限定されます。そして、この点に、インターネットバンキングの特殊性がありますので、ここでは郵送による預金口座開設の場合に限定して検討します。

2 取引上の一般的な留意事項

(1) 成年被後見人

　成年被後見人とは、精神上の障害により事理弁識能力を欠く常況にある者であって、家庭裁判所の後見開始の審判を受けた者をいい（民法7条）、成年後見人が付されます（民法8条）。成年後見人は、成年被後見人の財産の管理をし、かつその財産に関する法律行為について代理権を有し（民法859条）、また、成年被後見人による法律行為のうち、日用品の購入その他日常生活に関する行為を除く法律行為を取り消すことができます（民法9条）。預金取引の多くは「日常生活に関する行為」には該当しないと考えられますので、金融機関は、代理人としての成年後見人との間でのみ預金取引を行うことになります。

(2) 被保佐人

　被保佐人とは、精神上の障害により事理弁識能力が著しく不十分な者であって、家庭裁判所の保佐開始の審判を受けた者をいい（民法11条）、保佐人が付されます（民法12条）。保佐人は、被保佐人による元本の領収・利用や重要な財産に関する権利の得喪を目的とする行為について同意権を有し（民法13条1項1号、3号）、また、家庭裁判所の審判により特定の法律行為について代理権を有します（民法876条の4）。預金取引は元本の領収・利用や重要な財産に関する権利の得喪を目的とする行為に該当すると考えられるため、金融機関は、被保佐人と預金取引を行う場合には、都度、保佐人の同意を書面等で確認する必要があると考えられます。

(3) 被補助人

　被補助人とは、精神上の障害により事理弁識能力が不十分である者であって、家庭裁判所の補助開始の審判を受けた者をいい（民法15条）、補助人が

付されます（民法16条）。補助人は、審判による定めに従い、被補助人による民法13条1項に規定する特定の法律行為について同意権を有し（民法17条）、また、家庭裁判所の審判により特定の法律行為について代理権を有します（民法876条の9）。元本の領収・利用や重要な財産に関する権利の得喪を目的とする行為が同意権・代理権の対象となっている場合において、金融機関が被補助人と預金取引を行うときには、都度、補助人の同意を書面等で確認する必要があると考えられます。

3 取引時確認事項

(1) 取引時確認

預金口座を開設する場合、不正利用防止のための法律上の制度として、犯収法上の本人確認が求められています。

そして、成年後見人等が成年被後見人等の預金口座を開設する場合、成年被後見人等の取引時確認のみならず、成年後見人等の本人特定事項の確認も必要です（犯収法4条4項）。すなわち、成年被後見人等のみならず、成年後見人等からも、本人確認書類の送付を求める必要があります。なお、金融実務上は、「制限行為能力者であることの届出書」の提出を求めることとされており、当該届出書には、成年後見、保佐もしくは補助に係る登記事項証明書・審判書等の添付が求められていることから（全銀協「新しい成年後見制度に係る銀行実務上の対応について」平11全事会31号）、これらの書類を成年被後見人等の本人確認書類として活用することが考えられます（犯収法施行規則6条1号ト）。

また、郵送による預金口座開設の場合の本人確認方法としては、本人確認書類の送付を受けるとともに、取引関係文書を書留郵便等で返送することが必要とされています（犯収法施行規則5条1項1号ハ）。そこで、成年後見人等が成年被後見人等の預金口座を開設する場合、金融機関は、成年後見人等・成年被後見人等に対し、取引関係文書を返送する必要がありますが、具

体的な返送方法としては、一方にキャッシュカードやトークン（ユーザー認証のために用いられるパスワード生成機等）等を送付し（事情を確認のうえ、実際に口座を管理する者に送付するという対応が考えられます）、もう一方にも、取引関係文書として、申込書類の写し等を送付するなどの工夫も考えられます。

　ここで、成年被後見人等に対する返送については、①成年被後見人等に意思表示の受領能力（民法98条の2）がない場合の対応、②成年被後見人等の現実の住居が変更されている場合の対応が問題となりえます。

　①については、意思表示の受領能力がなくても送付しさえすれば犯収法上の問題はなく、②についても、本人確認書類記載の住所宛てに送付すれば足りると考えられます。そして、②の場合で、受取人不在で返送されてしまい、本人が住居を変更したというケースでは、成年被後見人等に対し、本人確認書類上の住所の記載の変更を求めたうえ、再度本人確認書類の提出を受けるか、または公共料金の領収証書等（補完書類）の提示を受けるかたちで現在の住居を確認したうえで、当該住所に宛てて取引関係文書を送付する必要があります（犯収法施行規則5条2項）。

(2) 成年被後見人等のために取引の任にあたっていることの確認

　2013年4月1日に施行された改正犯収法関係法令により、本人特定事項とは別の確認事項として、代理人等が特定取引を行う場合には、金融機関は、実際に取引を行う者が、顧客等のために取引の任にあたっていることについて確認しなければならないこととなりました（犯収法施行規則11条4項）。

　そこで、上記「制限行為能力者であることの届出書」に添付される登記事項証明書等によって、成年後見人等が、成年被後見人等のために取引の任にあたっていることを確認することとなります（犯収法施行規則11条4項1号）。

　なお、当該代理人等が当該顧客等の法定代理人であることが確認されれば、当該代理人等は当該顧客等のために特定取引の任にあたっていると認め

られることとされています（犯収法施行規則11条4項1号イ）が、保佐人や補助人は、代理権を付与する審判がなされない限り法定代理人とはなりませんし、法定代理人の地位の確認方法としても、成年後見人等の自己申告では足りず、住民票や戸籍謄本等の書類により成年後見人等と成年被後見人等の関係を確認する等の方法をとる必要があります（犯収法政省令パブコメ回答77番）ので、上記登記事項証明書等による確認が望ましいと思われます。

4 預金口座管理

インターネットバンキングを利用する場合、通常は、金融機関において対面での意思確認や本人確認を行うことは予定されていません。

そこで、成年後見人等からインターネットバンキングによる預金口座利用の申出があった場合には、これらIDやパスワードをどのように顧客に管理させるかということを検討することが必要になります。以下では、成年後見人、保佐人、補助人の場合をそれぞれ分けて検討します。

(1) 成年後見人

成年後見人には財産に関する法律行為についての代理権がありますので（民法859条）、成年被後見人のために、有効に預金取引を行うことができます。一方、成年被後見人は制限行為能力者であり、成年被後見人の預金口座利用は、後に取り消されるリスクがあり（民法9条）、また、意思無能力として無効となるリスクがあります。

したがって、成年被後見人の預金取引に係る金融機関のリスクとしては、預金口座の利用権限が制限されている成年被後見人が成年後見人に無断で預金口座を利用し、後に当該預金取引が取り消されることがまず考えられます。このようなリスクを避けるためには、成年後見人にのみ預金口座利用をさせることが有用ですので、預金口座管理は成年後見人に委ね、ID、パスワードといった情報やキャッシュカード、トークンなどは成年後見人に送付

したほうが金融機関としてはリスクが少ないと思われます。

ただし、金融機関が一方的に上記対応をしても、成年後見人が預金口座管理を適切に行わず、これら情報やキャッシュカード等を成年被後見人に交付し、成年被後見人が無断で口座を利用してしまう可能性は否定できません。そこで、金融機関のかかる事態への対応としては、事前に成年後見人・成年被後見人から、預金口座の管理や利用はすべて成年後見人が行い、万一成年被後見人が利用した場合でも、成年後見人は当該預金取引を追認する義務を負う旨の書面の提出を受けておくべきものと考えられます。

(2) 保佐人

保佐人には法律上当然には代理権はなく、審判によって認められた場合にのみ代理権があります（民法876条の4）。一方、被保佐人の行為については、元本の領収・利用については保佐人の同意が必要とされており（民法13条1項1号）、払戻しや振込み等の預金口座手続は、当該行為に該当するものと考えられるため、保佐人の同意がない限り、取り消されるリスクがあります。

したがって、保佐人・被保佐人の預金取引に係るリスクへの対応としては、一般的には預金口座管理を保佐人に委ね、また、成年後見人の場合と同様の内容の書面の提出を受けることが望ましいと考えられます。

(3) 補助人

補助人には、法律上当然には代理権はなく、審判によって認められた場合にのみ代理権があります（民法876条の9）。一方、被補助人の行為については、審判によって定められた場合には補助人の同意・これに代わる裁判所の許可が必要とされ、かかる同意・許可を受けない限り、被補助人の行為は取り消し得るものとされています（民法17条4項）。このように、補助人の権限は個別の事案に応じてさまざまですから、被補助人の行為の取消しリスクを

確認するためには、都度、審判書の内容を確認する必要があります。

そこで、補助人・被補助人の預金取引に係るリスクへの対応としては、審判書の内容確認の結果、被補助人が補助人の同意なく預金口座取引を行い得ることが確認された場合には、被補助人に預金口座管理を委ね、一方、補助人が預金取引の代理権を有することが確認された場合には、補助人に預金口座の管理を委ねることが考えられます。

なお、金融機関が補助人に預金口座の管理を委ねる場合には、成年後見人の場合と同様の内容の書面の提出を受けておくべきものと考えられます。

［制限行為能力者の概要］

種類	要件	能力の範囲	保護者	保護者の権限	行為の効果
成年被後見人	精神上の障害により事理を弁識する能力を欠く常況にあって家庭裁判所の審判を受けた者	単独にできる行為は原則としてない	成年後見人	代理権のみ	常に取り消すことができる
被保佐人	精神上の障害により事理を弁識する能力が著しく不十分な者で家庭裁判所の審判を受けた者	特定の行為だけ単独でできない	保佐人	原則は同意権。代理権付与の審判があれば代理権	同意またはこれに代わる許可を得ないでした行為は取り消すことができる
被補助人	精神上の障害により事理を弁識する能力が不十分な者で家庭裁判所の審判を受けた者	補助人の同意を要する旨の審判を受けた特定の行為だけ単独でできない	補助人	同意権。代理権付与の審判があれば代理権	同意またはこれに代わる許可を得ないでした行為は取り消すことができる

7　自筆困難者の預金口座開設への対応

> **Q** インターネットバンキングにおいて、自筆困難者（障がい者等のうち自筆が困難な者）から預金口座開設の申出を受けた場合、金融機関はどのように対応すべきでしょうか

A 自筆困難者は申込書類への署名を行うことがむずかしいことから、金融機関は申込書類への署名に代えて、①代筆者を本人の親族等一定の関係にある者に限定したうえで、当該代筆者による署名を要求する、②（特に代筆がむずかしい場合）署名は要求せず、実印の押印・電話等による本人への意思確認を行うといった対応が考えられます。

解　説

1　総　論

　自筆困難者の預金口座開設等の預金取引申込みへの対応については、主要行監督指針Ⅲ−6−4−2(2)①・中小地域監督指針Ⅱ−8−2(2)①で、自筆困難者による預金口座開設の意思表示があった場合には親族、同行者、金融機関職員による代筆を可能とする旨の社内規則を整備すること、自筆困難者による当該預金口座開設の申込みに十分な対応をすることが要求されていますが、上記監督指針はいずれも金融機関窓口での対応を主として想定したものとなっています。

　一方、インターネットバンキング、特にインターネット専業銀行が行うインターネットバンキングにおいては、窓口対応を行うことを想定しておらず、郵送等による預金口座開設手続を行うことが多いと考えられます。この

ような場合、一連の預金口座開設手続は非対面での手続にならざるをえないので、上記監督指針の趣旨を踏まえ、本人の意思確認をどのように行うかという問題を検討する必要があります。

2 具体的な対応

(1) 申込書類への記入

　預金口座開設を行うときには、申込書類その他の書類を金融機関に送付する必要があります。申込書類等への記入では、口座開設希望者本人が必要事項をインターネットのウェブサイトで入力したうえで印刷する、あるいはウェブサイトへの入力をもって申込書類への記入に代えるといった手続を採用する金融機関が多いものと思われます。

　したがって、預金口座開設者が自筆困難者であったとしても、本人が入力などの操作を行う限り、金融機関では特別の対応は必要ないものと思われます。

(2) 申込書類への署名

　一方、自筆困難者本人は申込書類へ署名することができないため、対応の検討が必要です。郵送による口座開設は非対面取引で、自筆困難者は、自署による本人の意思を確認することができないので、金融機関では直接本人の意思確認をする方法を検討する必要があります。

　一つの方法としては、代筆者を、開設者の親族等、代筆を依頼することが社会通念上不自然ではないと考えられる一定の者に限定したうえで、代筆者と本人との関係を確認するため、戸籍や住民票等の書類の呈示を要求し、代筆者の本人確認書類の提示を要求することが考えられます。ただし、自筆困難者が口座を開設する場合、親族に対し口座開設に関する情報を知られたくないという希望がある場合もあるので、代筆者がいる場合にも、常に代筆を要求するべきかさらに検討が必要です。

また、その他の方法として（特に上記代筆者が存在しない場合）、代筆者による署名に代えて、本人から電話など口頭で意思確認を得る方法も考えられますが、通話の相手方が本人であることをどのようにして確認するかという問題があります。

　確認方法としては、郵送による本人確認書類の提示を受けたうえで、申込書類記載の電話番号に架電し、通話者が本人であることを確認することが考えられます。架電の際には、申込書類や本人確認書類の記載内容と当該通話者の回答との整合性を確認するとともに、申込書類への自署が困難な理由を聴取することなどが考えられます。

　このような対応により、自筆困難者の代筆者が自筆困難者の意思に反して預金口座開設手続を行うという不正利用の防止の確保が一定程度可能となります。

8　外貨預金口座開設への対応

Q インターネットバンキングで、外貨預金口座を開設する場合、他の預金口座開設手続に比べて金融機関が注意する点はありますか

A 外貨預金は投資性の強い預金なので、開設にあたっては、金商法の行為規制が準用されます。為替リスクを伴うこと（元本保証がないこと）に加え、預金保険の対象外であるという点も含め、契約締結前交付書面等を通じて十分に説明する必要があります。

解　説

1　外貨預金の特徴

　外貨預金は、円預金と異なり、為替相場の変動リスクを負います。そのため、有価証券関連商品のようなリスク商品と同様の規制を及ぼす必要性から、金商法の行為規制が準用されていますが、その他、円預金との相違点としては、以下のものがあげられます。
① 　外為法の規制を受けること
② 　当座預金の利率の最高限度に規制がないこと
③ 　預金保険の対象外であること
　外為法の規制を受けるという点に関連して、金融機関は、外貨預金口座の開設につき、「資本取引に係る契約等締結行為」として、外為法に基づく本人確認が必要となる点に注意が必要です（外為法22条の2）。

2 金商法の行為規制の準用

　銀行法は、預金の受入れ等の銀行業務に関する行為規制として、虚偽告知の禁止、断定的判断の提供等の禁止等を定めています（銀行法13条の3）。

　また、銀行は、預金等の受入れに関し、預金等に係る契約の内容等の情報提供を行う義務を負っています（銀行法12条の2）。

　しかし、外貨預金やデリバティブ預金といった投資性の強い預金等（特定預金等）については、リスクのある金融商品と同様に、投資家保護の徹底を図る必要性があるため、銀行法は、上記の虚偽告知の禁止、断定的判断の提供等の禁止といった規制に加え、また、情報提供義務に代えて、特定預金等を販売・勧誘する場合に、金商法の行為規制を準用しています（銀行法13条の4）。

　具体的には、特定預金等の受入れを内容とする契約の締結については、金商法の行為規制のうち、広告等の規制（金商法37条）、契約締結前の書面交付義務（金商法37条の3）、契約締結時の書面交付義務（金商法37条の4）、不招請勧誘等の禁止行為（金商法38条4号ないし7号）、適合性の原則等（金商法40条）などが準用されています。

3 インターネットバンキングにおける外貨預金の受入れ

　外貨預金口座を開設する場合には、金商法の行為規制が準用されるため、金融商品を販売する場合と同程度の対応、特に説明義務を履行する必要があります（金販法3条も参照）。

　すなわち、適合性原則の観点から、顧客の属性等に照らして理解されるために必要な方法・程度による説明を行う必要がある点に注意が必要であり、具体的には、銀行は、外貨預金に係る契約締結前交付書面等の交付に関し、あらかじめ顧客に対し、一定事項について、顧客の知識、経験、財産の状況、口座開設の目的に照らして当該顧客に理解されるために必要な方法・程

度による説明をしなければなりません（銀行法13条の4、金商法38条7号、銀行法施行規則14条の11の30の2第2号）。

　インターネットバンキングのような非対面取引であっても、業法上の説明義務は対面取引と同様に適用されるべきと解されていますし（金融電子取引・監督行政報告18頁）、むしろ金融機関と顧客との間のコミュニケーションが限定されている非対面取引では、顧客の契約意思の形成や意思決定に大きな影響を与える契約内容については、顧客が金融機関から十分かつ適正な説明を受けられる仕組みを用意する必要があるといえます（Q32参照）。

　非対面取引の場合の金融機関による説明の方法・程度については、顧客がその操作するパソコン等の画面上に表示される説明事項を読み、その内容を理解したうえで画面上のボタンをクリックする等の方法による説明が必要となるでしょう。

　外貨預金の場合には、通常の預金と異なり為替リスクを伴う取引であること（元本保証がないこと）を十分に説明することが肝要であることはいうまでもありませんが、預金保険の対象ではないことについても、顧客に十分理解させるような説明の仕方が求められるでしょう（特定預金等の受入れに際しての説明履行態勢の整備に言及している、主要行監督指針Ⅲ－3－3－2－2(3)②、中小地域監督指針Ⅱ－3－2－5－2(3)②も参照）。

9 インターネットバンキングにおける契約の成立時期等

Q インターネットバンキングにおける契約の成立時期はいつですか

A インターネットバンキングにおける契約成立時期は電子契約法4条の適用により原則として金融機関からの承諾の通知が申込者に到達した時点となります。ただし、同条は任意規定であり、契約や約款により修正することも可能です。

電子契約法は、電子消費者契約において事業者による確認措置の提供がない場合等について、民法95条但書の規定を適用しない特則を定めており、金融機関は同特則にかんがみ、消費者の意思を実質的に確認していると判断できるような確認措置を講じるべきです。

解　説

❶ 契約成立にあたっての留意点

(1) インターネットバンキングにおける契約の成立時期

今日ではパソコンやスマートフォンなどの画面を通して契約を締結する隔地者間の取引が非常に多くなっています。

民法97条1項は隔地者間の意思表示について到達主義を採用していますが、隔地者間の契約は迅速な取引成立の観点から、承諾の通知が発信された時に成立するとされています（民法526条1項、発信主義）。

しかし、ほとんど瞬時に相手方に申込みや承諾の意思表示が到達する電子メールなどを用いて契約の締結を行う場合、発信主義を採用する必然性がな

くなったといえます。

　そこで、電子契約法は、電磁的方法のなかでも、テレックス、ファクシミリ、電子メールやウェブサイトでの入力・送受信等インターネットを利用した情報通信手段（なお、電磁的方法それ自体は、これらに加えて双方が現に電話機を用いて対話する場合やチャットなども含む広い概念です。電子契約法2条3項参照）を用いて隔地者間において契約の申込みに対する承諾の通知（以下「電子承諾通知」といいます）を行う場合には、民法526条1項や発信主義を採用することを前提とした規定である民法527条を適用しないこととしました（電子契約法4条）。

　電子契約法4条は事業者・消費者（それぞれの定義については後述します）間の取引（いわゆる「B to C取引」）だけでなく、事業者間の取引（いわゆる「B to B取引」）でも適用されます。

　したがって、電子契約法によるとインターネットバンキングにおける契約の成立時期は、金融機関からの承諾の通知が申込者に到達した時点となります。具体的には、電子メールで承諾通知を発信する場合は、承諾通知の受信者（申込者）が指定したり通常使用したりするメールサーバー中のメールボックスに読取り可能な状態で承諾の通知が記録された時点が、ウェブサイトの操作で手続を行う場合は、申込者のモニター画面上に承諾通知が表示された時点が、それぞれ契約の成立時期となると解されます。

　もっとも、電子契約法4条は任意規定とされていますので、約款などによりこれを修正することも可能です。ただし、特に消費者との間の取引においては消費者契約法などに注意すべきと考えられます。

(2)　約款を契約の内容にするにあたっての注意点

　約款とは、他の消費者や事業者との契約に関して、あらかじめ詳細な契約条項を定型化して定めておき、その条項をそのまま包括的に契約の内容とすることが前提となっている場合の、その定型的な契約条項をいいます。預金

取引等では、金融機関は定型的なサービスを提供することが多く、契約内容として約款を利用する例が多く見受けられます。約款を契約の内容とするためには相手方への内容の周知の観点から以下のような配慮が必要となると考えられます（電子商取引準則i.22頁以下参照）。

① 申込者が約款の内容を事前に容易に確認できるように、適切に約款をウェブサイトに掲載して開示していること
② 申込者が開示されている約款に従い契約を締結することに同意していると認定できること

インターネットバンキングでは、「約款の内容を理解したうえで申し込みます」といった表示とともに、申込者が承諾したことをクリック等の方法で表示させること（いわゆる「同意クリック」）が要求されており、申込者がいつでも容易に約款を閲覧できるようにウェブサイトが構築されている、といった事情があれば上記①②の事実を認めることができると考えられます。

約款には災害発生時における金融機関の免責など免責規定を置くことも考えられます。もっとも、約款中に免責規定が設けられていたとしても、その内容に公序良俗違反（民法90条）、信義則違反（民法1条2項）、B to C取引の場合の消費者契約法8条ないし10条違反等が認められれば当該規定は無効となりますし、暗証番号の管理体制等の状況次第では、やはり免責の効果が発生しない可能性があります（最判平成5年7月19日判タ842号117頁）。そこで、免責規定を定める際には必要に応じて法律専門家に確認するなどの慎重な対応が望まれます。

なお、約款を変更して、変更後の約款を契約の内容にする場合にも、上記①②に準じた配慮をするなど慎重な検討を行うことが望ましいでしょう。また、法制審議会で現在検討されている民法（債権関係）の改正では、民法526条1項の削除や約款に関する規定の新設が議論されているので、この動向にも注視すべきです。

3 電子消費者契約における特則やそれに応じて設けるべき措置

　電子契約法では、消費者（事業としてでもなく、事業のためにでもなく契約の当事者となる個人をいいます。電子契約法2条2項参照）と事業者（事業としてまたは事業のために契約の当事者となる主体をいいます。電子契約法2条2項参照）との間で電磁的方法により電子計算機の映像面を介して締結される契約であって、事業者またはその委託を受けた者が当該映像面に表示する手続に従って消費者がその使用する電子計算機を用いて送信することによってその申込みまたはその承諾の意思表示を行うものを「電子消費者契約」と定義しています（電子契約法2条1項）。「電子計算機」とは、その内部にCPUを有している機器一般を意味し、パソコンのみならず、携帯電話（スマートフォン）やタブレットもこれに含まれます。また、「その使用する電子計算機」を用いれば足り、消費者が電子計算機を所有している必要はありません。

　電子契約法は、電子消費者契約の要素に特定の錯誤があった場合の特例を定めています。

　すなわち、電子消費者契約では一般の消費者が通常の注意を払ってもミスをしやすい特性を有するため、電子契約法3条は、事業者が確認措置を講じない場合等について、取引の安全を保護する民法95条但書の規定を適用しない特則を定めています。つまり、上記確認措置を講じない場合等においては、事業者は、消費者に対し、重大な過失があったことを理由として、錯誤無効を争うことはできないこととなります。

　ここでいう事業者による確認措置とは、たとえば、①あるボタンをクリックすると申込みの意思表示となることを消費者が明らかに確認することができる画面を設定すること（意思表示を行う意思（電子契約法3条1号参照）の有無の確認措置）や②最終的な意思表示となる送信ボタンを押す前に、申込みの内容を表示し、そこで訂正できる機会を与える画面を設定すること（あ

る内容の意思表示を行う意思（電子契約法3条2号参照）の有無の確認措置）、などが考えられます。インターネットバンキングの実務でも、顧客が取引内容（結果）を適時に確認できる手段を講じ、約款やパンフレット等に記載するとともに、顧客に確認することを推奨しているかどうかにつき留意すべきであるといった指摘がなされているところであり（全銀協IB留意事項21頁）、実務上は、振込依頼の場合に振込先や振込金額等を確認する画面を最後に表示する、申込内容を確認してチェックボックスにチェックを入れる画面を設定するといった措置が講じられているところです。

ただし、当該確認措置は、消費者の意思を実質的に確認していると裁判所が判断できるような確認措置となっていることが必要であり、形式的に確認措置としての是非が自動的に決まるものではない点にも注意が必要です。

なお、電子契約法3条は、消費者から事業者に対して確認措置を講ずる必要がない旨の意思の表明があった場合についても、民法95条但書を適用することとしています。もっとも、このような意思の表明については、各別かつ明示の方法により、消費者側の主体的意思が形成され、確認措置を不要とする意思の表明が必要と解されており、さらに意思の表明の有無については、事業者が主張・立証責任を負担するため（電子契約法3条但書参照）、当該表明があったとしても慎重な対応が求められるものと考えられます。

10 預金口座開設時における詐欺罪の成立

Q どのような場合に預金口座開設時に詐欺罪が成立するでしょうか

A 他人になりすまして預金口座を開設する、第三者に譲渡する意図であるのにこれを秘して預金口座を開設する、暴力団組員であることを秘して預金口座を開設するなどの場合について、詐欺罪（刑法246条）の成立が認められます。

解説

1 預金口座の不正利用に対する罰則

　預金口座を不正利用して、振り込め詐欺等を行った場合、被害者との関係で詐欺罪（刑法246条）が成立します。

　また、振り込め詐欺が組織化され、騙す行為にかかわらない口座の売買のみを行った者についても処罰を広げる趣旨から、他人になりすまして預金口座を利用すること等を目的として、預金通帳等を譲り受けたり、そのような者に対して、預金通帳等を譲り渡したりすることや、口座開設時に本人特定事項の虚偽申告を行うことにも刑事罰が適用されます（犯収法26条、27条）。他人名義の口座に不正に入金させた現金を引き出す行為を行った場合にも、正当な引出権限のない金融機関の意思に反する引出しであるとして、窃盗罪が成立します（刑法235条）。さらに、最近では預金口座の不正利用が拡大しているため、不正利用時や預金通帳等の譲渡時よりも前の預金口座開設時点において詐欺罪の成立が、判例上認められています。

2 口座開設による詐欺罪の成立

不正に入手した他人名義の健康保険証を使用して、当該他人になりすまして普通預金口座を開設し、銀行窓口係員から預金通帳の交付を受けた事例（最決平成14年10月21日刑集56巻8号670頁）や第三者に譲渡する意図であるのにこれを秘し自己名義の預金口座の開設に伴い、行員から自己名義の預金通帳・キャッシュカードの交付を受けた事例（最決平成19年7月17日刑集61巻5号521頁）で詐欺罪の成立が認められています。

また、暴力団組員であることを秘して預金口座を開設し、預金通帳の交付を受けたケースについては、まだ最高裁の判断はありませんが、下級審レベルでは詐欺罪を認める例が多く見受けられます。

以上の事例では、金融機関には、預金通帳の交付や、預金口座を利用したサービスの提供において、直接に財産的損害は発生していないと思われますが、このような場合でも、犯収法（当時は本人確認法）においてマネーローンダリング規制が重視され、名義人本人の預金口座利用が予定されていることや、暴力団排除条例等において暴力団排除が強く求められるとともに、預金規定に暴力団排除条項が存在し暴力団組員が預金口座を作成することが拒否されていることを根拠に、詐欺罪の成立が認められています。

上記判例はいずれも、実店舗において行われたケースであり、加害者に対し、預金通帳やキャッシュカードが交付されていることから、「財物を交付させた」として、刑法246条1項による詐欺罪の成立を認めています。

3 インターネットバンキングでの詐欺罪の成立

この点、インターネットバンキングでは、預金通帳やキャッシュカードといった「財物」が交付されないケースが考えられ、この場合には、仮に不正利用目的で預金口座を開設しても同条項による詐欺罪の成立を認めることがむずかしいケースもあると考えられます（なお、福岡地判平成24年5月14日

は、インターネットバンキングにより口座開設を行った後に「キャッシュカードとトークン」を詐取したとして同条項による詐欺罪を認めています)。

しかしながら、このような事例でも、預金口座を利用したサービスの提供を受けたとして、「財産上不法の利益を得」たものとして、刑法246条2項による詐欺罪の成立が認められるものと考えられます。この点は、他人名義で携帯電話を締結した者に、通話回線を使用する契約上の地位を得たとして、同条項による詐欺罪の成立を認めた高松地判平成9年10月30日(勝丸充啓「刑事判例研究〔308〕」警察学論集51巻3号208頁)が参考になります。

4 実務上の留意点

以上のように、近年では、預金口座の不正利用が拡大していることを背景に、犯収法といった特別法による罰則対象の拡大や罰則強化の動きとともに、詐欺罪という基本的な刑法犯においても裁判所による法解釈によって処罰対象が拡大している傾向があります。

金融機関としては、不正利用に対し、刑事告訴・刑事告発が必要な場合もあるものと考えられますが、捜査機関と連携して対応にあたることが重要です。

コラム

10月12日は「ネット銀行の日」

　10月12日は、「ネット銀行の日」として、一般社団法人日本記念日協会に登録されています。インターネット銀行がより身近な銀行として多くの方に親しまれることを願い、日本初のインターネット専業銀行であるジャパンネット銀行が開業した日である2000年10月12日をもって、記念日として登録されています。同行は、開業当時、「戦後初の普通銀行免許取得」、「新たな形態の銀行の第一号」としての特色も併せ持っていました。

　新たな形態の銀行とは、金融庁の銀行分類用語で、「従来の都市銀行、地方銀行、信託銀行といった銀行にはない業務を行う銀行」を意味します。この用語が指す銀行はネット銀行（インターネット等の通信端末を介した取引を中心とする銀行で、営業上最小限必要な店舗のみを有する形態）のことのみを指すと思われる方も多いと思われます。しかし、これ以外にも、商業施設との連携を主体とする銀行（コンビニ等の店舗網にATMを設置し主に決済サービスの提供を行う銀行）、中小企業への融資を主体とする銀行（主として中小企業向けミドルリスク・ミドルリターンの融資を行う銀行）、破綻した銀行業務を一時的に引き継ぐことを主体とする銀行も含まれます。

　新たな形態の銀行と位置づけられている「ネット銀行」ですが、今日、多くの金融機関がインターネットバンキングサービスを提供し、銀行取引の選択肢の一つとしてインターネットバンキングを利用することがごく当たり前になっています。インターネットバンキングが社会の重要インフラであることは疑いありません。「ネット銀行の日」は、いつしか、広くインターネットを介した銀行取引のあり方について、思いを寄せる日になっていくのではないでしょうか。

III

預金口座の管理

11 成年後見人等が成年被後見人等の預金口座を管理する際の注意点

Q インターネットバンキングで成年後見人等が、成年被後見人等の預金口座を管理する場合、金融機関はどのような点に注意すべきですか

A 金融機関は成年被後見人等の権限に応じて預金口座の管理を成年後見人等のみに行わせるか検討します。また成年被後見人等が無断で預金取引を行ってしまう場合に備え、適切な手続に従って預金取引がなされる限り、金融機関は免責させる旨などの書面をあらかじめ受けておくことなどが望ましいと考えられます。

解　説

1 成年後見登記制度を利用した行為能力の確認

　成年被後見人等と預金取引を行うときには、成年後見登記を利用して成年被後見人とどのような取引をしたらよいかを確認することが必要です（行為能力の確認）。

　成年後見登記制度とは、成年後見の権限や任意後見契約の内容などをコンピュータ・システムによって登記し、登記官が登記事項を証明した登記事項証明書（登記事項の証明書・登記されていないことの証明書）を発行することによって登記情報を開示する制度をいいます。登記事項には、①成年後見人等の氏名・住所、②保佐人・補助人の同意を得ることを要する行為が定められたときはその行為、③保佐人・補助人に代理権が付与されたときはその行為などが含まれているため（後見登記法4条）、成年被後見人等の口座に関す

る預金取引を行う前に、登記事項証明書または審判書・確定証明書の提出を受けて、成年後見人等の権限の内容を確認し、成年被後見人等の行為能力の制限されている範囲を確認することが必要です。

❷　インターネットバンキングの特質を踏まえた対応の必要性

　インターネットバンキングでは、ウェブサイトでIDやパスワードの入力等を行うのみで取引がなされるものであり、対面での意思確認や本人確認を行うことも予定されていませんので、非対面取引の特質にあわせた対策を講じることが必要です。

　たとえば、インターネットネットバンキングでは、各種手続等は通常はウェブサイトで行えますが、ウェブサイトから手続ができない場合には金融機関は店舗、電話・書面で対応をすることが考えられます。このような場合にはなりすましの可能性が考えられますが、特に、インターネット専業銀行など対面での対応が原則としてとれない場合にはそのリスクが大きいといえます。そこで、成年後見人等が本人であることを確認する認証手続を行うことが重要となります。

　また、インターネットバンキングでの成年被後見人等の預金口座利用については、成年被後見人等が権限なく預金取引を行うことがないよう成年後見人等のみが預金口座を管理するための手続が必要かどうか検討する必要があります。以下、成年被後見人等の類型ごとに検討します。

❸　成年被後見人等ごとの対応

(1)　成年被後見人

　成年被後見人は日常生活に関する行為を除き、すべての法律行為を取り消すことができることから（民法9条）、成年被後見人による預金取引は、後に取り消されるリスクがあります。そのため、成年被後見人の預金取引は、財産に関する法律行為について代理権を有する成年後見人が代理してのみ行

わせることとし（民法859条）、成年被後見人自らが預金取引を行うことを制限しなければなりません。しかし、成年被後見人が無断で預金口座を利用してしまうこともあり、また非対面取引であるインターネットバンキングでは相対的にそのリスクは高くなります。そのため成年後見人にのみ預金取引をさせるべく、インターネットバンキングを利用するために必要なもの（ID、パスワードといった情報やキャッシュカード、トークンなど）は成年後見人に送付し、成年後見人が厳重に管理して成年被後見人に交付・貸与等することを禁じるなどの手当をとることが有効と考えられます。

　もっとも、成年後見人がID、パスワード等の管理を適切に行わず、成年被後見人が預金口座を利用してしまうことはありえますから、当該預金取引に正当なID、パスワードなどが用いられている場合には、預金者保護法などの法令に定める場合を除き、金融機関は一切の責任を負わないものとし、かつ、万一、成年被後見人が利用した場合には、成年後見人はすべてこれを追認する旨の書面の提出を受けるといった対応をとることが考えられます。

(2) 被保佐人

　被保佐人は、元本の領収・利用や重要な財産に関する権利の得喪を目的とする行為について保佐人の同意が必要とされているので（民法13条1項1号、3号）、被保佐人による預金取引は取り消されるリスクがあります。

　したがって、被保佐人が同意を得ずに預金取引を行うことを避けるべく、預金口座管理（ID、パスワードなどの管理も含みます）は保佐人のみが行うことにすることが望ましいといえます。また、成年被後見人と同様、保佐人・被保佐人から、万一被保佐人が預金取引を行った場合、金融機関は一切の責任を負わない旨・被保佐人の預金取引について保佐人はすべてこれに同意する旨の書面の提出を受けておく対応をとることが考えられます。

(3) 被補助人

　被補助人は、審判による定めに従い、民法13条1項に規定する特定の法律行為について補助人の同意が必要とされていることから（民法17条）、元本の領収・利用や重要な財産に関する権利の得喪を目的とする行為が同意の対象となっている場合、被補助人による預金取引は取り消されるリスクがあります。

　したがって、被補助人の場合には、登記事項証明書または審判書の内容を確認して預金取引が同意の対象になっているか確認し、対象に含まれるのであれば、被補助人が同意を得ずに預金口座を利用することを避けるべく、預金口座管理（ID、パスワードなどの管理も含みます）は補助人のみが行うことにすることが望ましいといえます。また、補助人・被補助人から、万一被補助人が預金取引を行った場合、金融機関は一切の責任を負わない旨・被補助人の預金取引について補助人はすべてこれに同意する旨の書面の提出を受けておく対応をとることが考えられます。

12 口座凍結要請（通報があった場合の初動）

Q インターネットバンキングで開設された預金口座について、振り込め詐欺に利用されているとの情報提供があった場合、金融機関はどのように対応するべきですか

A 情報提供元が公的機関、弁護士ないし認定司法書士、被害者本人、その他第三者のいずれであるかにより、確認する範囲が異なりますが、金融機関は事実確認を行ったうえで、振込詐欺救済法3条1項に基づき、取引停止等の措置を行うことになります。

解　説

1　取引停止等の措置

　金融機関は、当該金融機関の預金口座等について、捜査機関等から当該預金口座等の不正な利用に関する情報の提供があることその他の事情を勘案して犯罪利用口座等である疑いが認められるときには、当該預金口座に係る取引の停止等の措置（以下「取引停止等の措置」といいます）をとることが求められています（振込詐欺救済法3条1項）。そして、同条項にいう「犯罪利用口座等」とは、振込利用犯罪行為において、振込みの振込先となった預金口座などを意味し（振込詐欺救済法2条4項）、いわゆる振り込め詐欺に限らず、詐欺その他の人の財産を害する罪の犯罪行為全般に関して、振込先として利用された預金口座等をいいます（主要行監督指針Ⅲ－3－1－3－1－1(2)④(注)、中小地域監督指針Ⅱ－3－1－3－1－1(2)④(注)等参照）。「振込利用犯罪行為」とは、詐欺その他の人の財産を害する罪の犯罪行為であって、財産

を得る方法としてその被害を受けた者からの預金口座等への振込みが利用されたものをいい（振込詐欺救済法2条3項）、たとえば、オレオレ詐欺、架空請求、オークション詐欺、出資金詐欺等の詐欺犯罪のほか、横領、ヤミ金、マルチ商法などが含まれると考えられています。一方、麻薬や覚せい剤の代金を振り込ませたような場合は、「人の財産を害する罪」ではないため、振込詐欺救済法の対象外であると考えられます。金融機関においては、不正利用口座に係る取引停止等の措置を、事務手続の問題ではなくコンプライアンスの問題として位置づけ、迅速かつ適切に実施するための態勢を整備していく必要があるでしょう（主要行監督指針Ⅲ－3－1－3－1－1(3)、中小地域監督指針Ⅱ－3－1－1－1(3)等参照）。

インターネットバンキングは、非対面取引で行われるため、預金口座等が人の財産を害する罪の犯罪行為に用いられる可能性が高いというリスクがあるので、どのような場合に取引停止等の措置を行うべきかを確実に検討する必要があります。

2　情報提供者に応じた対応

金融機関は、捜査機関等からもたらされた情報をもとに、当該預金口座等が「犯罪利用口座等」の疑いがあるか否かを自主判断して、取引停止等の措置を行うか否かの判断を行うことになります。どのような場合に「疑いがある」と認められるかについては、全銀協が振り込め詐欺救済ガイドラインを取りまとめています（振り込め詐欺救済ガイドライン取りまとめの経緯については、干場力「『振り込め詐欺救済法に係る全銀協のガイドライン（事務取扱手続）』の概要」金法1840号12頁等参照）。

情報提供者に応じた対応については、通報者が捜査機関等である場合、被害者本人である場合、第三者の場合に大別できます。以下、場合分けをして対応について説明します。

(1) 捜査機関等からの通報があった場合
① 捜査機関・弁護士会・金融庁・消費生活センターなど公的機関からの通報の場合

　公的機関から通報があった場合、通常は犯罪行為や罪状が明示されており、当該預金口座がいかなる罪状に関する犯罪利用口座等であるかが明確な場合が多いといえます。また、公的機関からの通報については、口座名義人へ情報提供元が当該公的機関であることを開示することを拒絶されることが少なく、多くの場合において情報提供元から口座名義人に対して要請に至った背景や事情を直接説明してもらうことが可能です。このような特徴にかんがみますと、公的機関からもたらされる情報についてはある程度確度が高く、金融機関としてその内容によることが原則として可能です。したがって、公的機関が情報提供元の場合には、通報に基づき取引停止等の措置を行うことになります。ただし、電話による通報の場合には、折り返し電話等を行うことにより、正当な通報であることを確認する必要があります。

② 弁護士等からの通報の場合

　弁護士ないし認定司法書士についても、振込詐欺救済法3条1項にいう「捜査機関等」に含まれると解されており（東京地判平成23年6月1日判タ1375号158頁参照）、公的機関からの通報の場合と同様、もたらされる情報についてはある程度確度が高いので、金融機関としてその内容によることが原則として可能です。

　弁護士から後述する日本弁護士連合会制定の統一書式に基づいた提供情報について、当該情報提供が明らかな客観的事実と齟齬しているなど、その内容が虚偽であることが一見して明らかであるような特段の事情のない限り、金融機関がその統一書式に記載された内容が真実であるかどうか、情報提供元の弁護士に問い合わせて調査等をすることまでは期待されていないとの判断を示した下級審裁判例もあります（東京地判平成24年10月5日金判1403号24頁）。したがって、弁護士・認定司法書士から通報があった場合も、通報に

基づき取引停止等の措置を行うことになります。
　ただし、弁護士からの通報は日本弁護士連合会制定の統一書式に、認定司法書士からの通報は日本司法書士会連合会制定の統一書式にそれぞれよることとされており、情報提供元の弁護士・認定司法書士の本人確認として、事務所住所や電話番号等につき弁護士会等の所属団体に照会する必要があります。

(2)　被害者本人からの通報があった場合

　これに対し、被害者本人から情報提供があった場合には、罪状が明示されておらず当該預金口座が犯罪利用口座等に該当するか否かが不明確な場合も少なくありません。また、被害者本人が加害者ないし加害者側の人間とされている口座名義人と直接やりとりをすることも期待できず、多くの場合には被害者本人が口座名義人に対し情報提供元を開示することを望まないことがほとんどであると考えられます。このような特徴を考えると、被害者本人から提供される情報については捜査機関等から提供される情報と同じように考えることはできず、金融機関としては、単に通報があったのみで犯罪利用口座等の疑いがあると判断することはむずかしい場合が大半です。したがって、被害者本人から通報があった場合には、金融機関としては、被害者から、被害についての具体的な申出（たとえば、「この口座に振り込んだが、振り込め詐欺と思われる」、「振り込め詐欺にあったので、振込先であるこの口座から払い戻されないようにしてほしい」等）があり、当該被害者から当該預金口座等への振込みが行われたことを確認できるとともに、他の取引の状況や口座名義人との連絡状況から、直ちに取引停止等の措置を講ずる必要がある場合に、取引停止等の措置を行うこととなります。

(3)　第三者からの通報があった場合

　第三者は直接被害を受けていないので、被害者本人からの通報があった場

合よりもいっそう慎重な判断が必要になります。したがって、①当該預金口座等の名義人の届出電話番号へ連絡を行い、名義人から口座を貸与・売却した、紛失した、口座開設の覚えがないとの連絡がとれた場合、②当該預金口座等の名義人の届出電話番号へ複数回・異なる時間帯に連絡を実施したが、連絡がとれなかった場合、③一定期間内に通常の生活口座取引と異なる入出金または過去の履歴と比較すると異常な入出金が発生している場合、のいずれかまたはすべての連絡・確認を行った場合に、取引停止等の措置を行うこととなります。

(4) その他

　振り込め詐欺救済ガイドラインでは、本人確認書類の偽造・変造が発覚した場合にも金融機関は取引停止等の措置をとることになります。また、取引停止等の措置をとる場合には、情報提供者からの外部情報に加えて、入出金履歴や口座名義人の利用実態など、金融機関が内部で保有している情報も考慮することが考えられます。僚店を含め同一人名義の口座があることが判明した場合には、利用実態を確認のうえ、必要がある場合には取引停止等の措置を講じることが考えられます。

13 口座凍結要請（口座名義人からのクレーム）

Q 弁護士等からの通報に基づき、振込詐欺救済法に従ったインターネットバンキングの口座について取引停止等の措置を行っていたところ、口座名義人からクレームがありました。金融機関としてはどのように対応すべきですか

A 口座名義人からのクレームについては、情報提供元の弁護士等が対応することが予定されています。金融機関は、情報提供元にクレームを伝えるとともに、口座名義人に情報提供元の弁護士等の連絡先を伝え、当事者間で協議するよう促すことが考えられます。また、その後、金融機関による調査等の過程で口座名義人が犯罪に関与している疑いが判明した場合などには、警察に対して相談・情報提供をし、消滅公告の求めの要否を判断する対応が考えられます。

解　説

1　弁護士等からの通報に基づく取引停止等の措置

　弁護士・認定司法書士（以下「弁護士等」といいます）についても振込詐欺救済法3条1項にいう「捜査機関等」に含まれると解されており（東京地判平成23年6月1日判タ1375号158頁等参照）、弁護士等から通報があった場合には、金融機関としては、振込詐欺救済法3条1項に基づき取引停止等の措置を行うか否かを検討する必要があります。

　もっとも、弁護士等が「捜査機関等」に含まれているといっても、弁護士等に捜査権限があるものではなく、また、弁護士等は被害者本人の代理人と

いう立場にあるため、事実調査には限界があり十分な裏付けがない状況で被害者本人の言い分に基づく事実認定をしている可能性も否定できず、警察などの捜査機関からの通報がある場合と比べて、情報の確度がやや劣る場合もあります。このようなことから、弁護士等からの通報に基づき取引停止等の措置を行った場合、口座名義人からのクレームに発展することもしばしばあります。

2 統一書式制度

振込詐欺救済法の実効性を確保するためには口座を迅速・積極的に凍結する必要があるところ、口座名義人からのクレームを取引停止等の措置を行った金融機関が担当しなければならないとなると、金融機関が取引停止等の措置を行うことに慎重になり、法の目的が達成できなくなるおそれがあります。そこで、金融機関としては情報提供元の弁護士等の判断を信用して取引停止等の措置を講じる立場であり、口座名義人からのクレームについては、情報提供元の弁護士等において処理するという仕組みが採用されています。

すなわち、全銀協による振り込め詐欺救済ガイドラインでは、弁護士等からの通報については、日本弁護士連合会の制定書式ないし日本司法書士連合会の制定書式に基づき行うことが定められており、同制定書式においては、「口座名義人から本件クレーム等があった場合は、当職からの要請であることを相手方に告知し、その旨を当職までご連絡ください。その場合クレーム等に対しては当職の責任において一切の処理を行います。」と記載されており、情報提供を行う弁護士等はこの点を理解した上で制定書式を用いることとされています。したがって、金融機関は、自らクレーム処理を行うのではなく、この制定書式上の記載に基づき、情報提供元の弁護士等にクレームを伝え、口座名義人に情報提供元の弁護士等の連絡先を伝え、当事者間で協議してもらうべく促すこととなります。

なお、その後の金融機関による調査等の過程において口座名義人が犯罪に

関与している疑いが判明した場合などには、警察に対して相談・情報提供をし、消滅公告の求めの要否を判断する対応が考えられます。

3　インターネットバンキングでの注意点

　インターネットバンキングは非対面で行われるものであり、金融機関は預金口座名義人と対面での接触をすることは基本的にありません。そこで、直接情報に接している情報提供元の弁護士等から口座名義人に説明をするほうが納得も得られやすいと考えられ、両者間で協議をしてもらうよう調整することがより重要となります。

14 口座凍結要請（金融機関の責任）

Q 提供された情報が誤りであることが判明した場合、振込詐欺救済法に基づく取引停止等の措置を行った金融機関は、口座名義人に対し、損害賠償責任を負担するのでしょうか

A 振込詐欺救済法に基づく取引停止等の措置を行った金融機関が口座名義人に対し損害賠償責任を負担すると認めたものは現在のところ見当たりません。

解　説

1　金融機関の責任

　預金取引は、消費寄託契約（民法666条）であり、金融機関は預金契約に基づき口座名義人に対し元利金の支払義務を負担しているので、口座名義人から払戻請求等があったにもかかわらず金融機関が支払に応じなかった場合には、理論上は債務不履行（履行遅滞）や不法行為に基づき損害賠償責任を負うことになります。また、現代の取引では、振込みや口座引落しによる資金決済が用いられることも多いところ、決済が実行されなかった場合、口座名義人における契約の解除や信用低下を招来する可能性も大きく、その損害も多額のものとなるおそれもあります。

　振込詐欺救済法に基づく取引停止等の措置を行った場合には、金融機関は、民事上免責されるという点は異論がありません。では、取引停止等の措置の原因となった提供された情報が誤りであることが後に判明した場合、金

融機関が行った取引停止等の措置は理由がないものであることから、債務不履行等に基づき損害賠償責任を負うでしょうか。

2　裁判例の検討

　振込詐欺救済法の目的である被害者救済の実効性を確保するためには、預金の取引停止等の措置を迅速かつ積極的に行う必要があり、そのためには、口座名義人に対する債務不履行等を負うリスクを金融機関に負わせないようにしなければなりません。振込詐欺救済法に基づく取引停止等の措置を行った金融機関が、取引停止等の措置の原因となった情報が誤りであることが後に判明した場合における金融機関の債務不履行等の責任は、限定的に解釈される必要があると考えられます。

　また、これまで公表されている裁判例では、①警察からもたらされた情報に基づき取引停止等の措置を行った事案（東京地判平成20年11月12日判時2040号51頁、東京地判平成22年7月23日金法1907号121頁）、②弁護士からもたらされた情報に基づき取引停止等の措置を行った事案（東京地判平成22年12月3日金法1921号112頁、東京地判平成23年6月1日判タ1375号158頁、東京地判平成24年9月13日判時2167号46頁、東京地判平成24年10月5日金商1403号24頁）のいずれでも、情報提供元の損害賠償責任が認められたことはあっても、金融機関の責任を認めたものは見当たりません。

　このような振込詐欺救済法の目的確保の要請・裁判例の趨勢を踏まえると、取引停止等の措置の原因となる情報が誤りであった場合に金融機関に損害賠償責任が成立するのは、限定的な場面であるといえそうです。

　もっとも、上記裁判例は、無条件で金融機関の免責を認めたものではなく、「当該情報事態から明らかに犯罪利用預金口座等でないと認められるとか、当該口座が犯罪利用預金口座等でないことを（金融機関が）知っていた等の特段の事情のない限り」とか、「（情報）の内容が虚偽であることが一見して明らかであるような特段の事情のない限り」といった留保が付されるこ

とが通常です。したがって、このような特段の事情がある場合には、例外的に金融機関に損害賠償責任が成立する点に注意が必要です。

　インターネットバンキングのような非対面取引の場合には、店舗での対面取引などと比べ、口座名義人との対面により情報収集をする余地が小さいため、基本的には提供された情報の内容や口座名義人の入出金履歴や利用実態を確認し口座凍結を実施することになると考えられます。

15 口座凍結預金の相殺

Q 金融機関が、振込詐欺救済法に基づき口座凍結した預金と貸付債権を相殺することは可能ですか。追徴保全命令や没収保全命令が発せられていた場合はどうですか

A 相殺の要件が満たされる場合には、金融機関は、貸付債権と振込詐欺救済法に基づき口座凍結した預金債権を相殺することが可能と解されます。当該預金について追徴保全命令が発令されている場合には、それをもって貸付債権の期限の利益喪失事由に該当すると考えられますが、他方、没収保全命令が出ていることをもって、期限の利益喪失事由に該当すると解することは困難であると考えられます。

解　説

1　口座凍結した預金の相殺の可否

　金融機関に開設された預金口座について振込詐欺救済法3条1項に基づき取引停止の措置（以下「口座凍結」といい、口座凍結の対象たる預金口座を「凍結口座」といいます）が講じられた場合において、当該金融機関が、凍結口座の名義人に対して貸付債権を有する場合、当該貸付債権を自働債権として、口座凍結された預金との相殺をなし得るかが問題となります。

　金融機関がこのような相殺を行うためには、民法505条1項より、自働債権（貸付債権）と受動債権（預金債権）が相殺適状にあることが必要であり、両債権はともに弁済期が到来していなければなりません。もっとも、受動債権については自ら期限の利益を放棄することができるため（民法136条2

項)、結局、自働債権(貸付債権)について、その弁済期が到来しているかが実務上は問題となります。

以下、上記口座凍結の場合において、①貸付債権について期限の利益が喪失していると認められるか、また、②仮に期限の利益喪失が認められるとしても、金融機関は、その有する貸付債権と凍結口座の預金債権との相殺をなし得るかについて検討します。

(1) 口座凍結の期限の利益喪失事由への該当性

金融機関の一般的な貸付規定においては、貸付債権に係る期限の利益喪失事由として、「預金その他当金融機関に対する債権について仮差押え又は差押えの命令、通知が発送されたとき」(以下「本件失期事由」といいます)といった規定が置かれていることが通常です。

そこで、金融機関から期限の利益喪失を主張する場合、口座凍結が本件失期事由における「仮差押え」に該当し得るか・当該事由を口座凍結の場合に類推適用し得るかが問題となりえます。

しかし、振込詐欺救済法3条1項に基づく口座凍結の要件は、「犯罪利用預金口座等である疑いがある」ことであり(口座凍結の要件の詳細についてはQ12参照)、被保全権利の存在・保全の必要性といった民事保全法に基づく仮差押えの要件とは異なりますし(民事保全法13条参照)、何より、口座凍結は金融機関による措置であり、裁判に基づく仮差押えとはその性質がまったく異なります。

そのため、本件失期事由における「仮差押え」に口座凍結が含まれる・本件失期事由を口座凍結の場合に類推適用できると考えることはむずかしく、口座凍結という事情をもって、金融機関の有する貸付債権について期限の利益が喪失したと解することは困難であると考えられます。

したがって、金融機関が口座凍結に係る預金について貸付債権との相殺を行うためには、口座凍結以外の理由により貸付債権の弁済期が到来している

必要があると解されます。

(2) 相殺の可否

　仮に、金融機関の有する貸付債権の弁済期が到来しており、貸付債権と預金債権が相殺適状にある場合であっても、そもそも、犯罪行為により被害を受けた者の財産的被害の迅速な回復等に資するという振込詐欺救済法の目的（振込詐欺救済法1条）に照らし、金融機関が、凍結口座に係る預金を貸付債権と相殺することは認められないのではないかが問題となります。

　この点、各金融機関が、犯罪被害者の救済等のために、貸付金との相殺を差し控えるとの経営判断を行うことはありえますが、振込詐欺救済法に金融機関による凍結口座の預金に係る相殺を禁止する条項は存在しないため、金融機関としては、口座凍結された預金について、その有する貸付債権との相殺を行うことも法的には可能であると解されます。

　ただし、いわゆる振り込め詐欺によって振込先口座の名義人と金融機関との間に成立する預金債権については、誤振込みによって預金債権が成立した場合に被仕向銀行が当該誤振込みに係る預金の受取人に対する貸付債権で相殺したとして振込依頼人に対する不当利得返還義務を争った事案につき、被仕向銀行の負う振込依頼人に対する不当利得返還義務を肯定した名古屋高判平成17年3月17日（金法1745号34頁）を引き合いに、同様の見地から振り込め詐欺の被害者に対する金融機関の不当利得の成否を検討してさしつかえないとする指摘もあります。そのため、同様に判示した裁判例は見当たらないものの、金融機関が凍結口座の預金債権と貸付債権を相殺する場合には、不当利得を理由に相殺の効力が否定される可能性についても、あらかじめ注意する必要があると解されます。

❷　追徴保全命令が発せられている預金に係る相殺

　前記❶と同様の口座凍結の事案において、口座内の預金について組織的犯

罪処罰法に基づく追徴保全命令が発せられている場合、相殺の可否をどのように考えるべきか、前記**1**と同様に、①貸付債権について期限の利益喪失が認められるか・②弁済期の到来が認められる場合における相殺の可否の2点が問題となります。

(1) 追徴保全命令の期限の利益喪失事由への該当性

まず、上記①の点に関し、追徴保全命令が本件失期事由における「仮差押え」に当たらないかが問題となります。

追徴保全命令は、民事保全法の規定による仮差押命令と同一の効力を有するとされ（組織的犯罪処罰法44条1項）、また、「追徴保全命令に基づく仮差押えの執行」といった法文上の文言を考慮すれば（組織的犯罪処罰法45条1項、49条）、法的には「仮差押え」の一種であると考えられます（本村健／大櫛健一「不正利用発覚後の対応措置の留意点―東京地判平22.7.23をモデルとして―」（金法1937号56頁）参照）。

したがって、預金債権について追徴保全命令が発せられた場合、金融機関の有する貸付債権は、本件失期事由に該当すると考えられ、その全体について期限の利益を喪失すると解されます。

(2) 相殺の可否

上記②の点については、追徴保全命令は仮差押えの効力を有するものであり、民法511条の「支払の差止めを受けた」に該当するものと考えられます。そこで、民法511条についての最高裁の判例法理である無制限説、すなわち、自働債権（貸付債権）・受働債権（預金債権）の弁済期の前後を問わず、相殺適状に達しさえすれば、差押え後においても、これを自働債権として相殺できるという考え方（最判昭和50年12月8日民集29巻11号1864頁）からすれば、貸付債権の期限の利益を喪失させたうえで、追徴保全命令が発令された預金債権を受働債権として相殺することは可能と考えられます。なお、

不当利得の問題については前記**1**(2)で述べたとおりです。

3 没収保全と相殺

前記**2**の場合において、発令されたのが、追徴保全命令ではなく、没収保全命令であった場合、金融機関としては、追徴保全命令が発せられた場合と同様に貸付債権と預金の相殺を主張することができるか、前記**2**と同様に、①貸付債権について期限の利益喪失が認められるか・②仮に弁済期の到来が認められる場合における相殺の可否の2点が問題となります。

(1) 没収保全命令の期限の利益喪失事由への該当性

没収保全命令は、債権者に処分禁止効が生じ、債務者に弁済禁止効が生ずるものの（組織的犯罪処罰法30条1項）、追徴保全命令とは異なり、仮差押命令と同一の効力を有するなどの条項はありません。また、没収保全命令の発令に際しては、仮差押命令や追徴保全命令のように、「必要性」要件として対象者の経済的困窮が考慮されるとも限らないため、没収保全命令が発令されたからといって類型的に対象者に信用不安が生じているとまでは必ずしもいえません。

したがって、本件失期事由における「仮差押え」に没収保全が含まれる・かかる期限の利益喪失事由を没収保全命令に類推適用できるといった解釈をとることは、必ずしも容易ではなく、没収保全命令が発令されたことを根拠として貸付債権の期限の利益喪失を主張することについては、その可否を慎重に判断する必要があると考えられます。

(2) 相殺の可否

貸付債権のうち弁済期の到来した部分を受働債権とする相殺の可否については、前記**1**(2)の場合と同様に考えられます。

16 被害回復分配金の支払

Q 犯罪利用預金口座等について、顧客より被害回復分配金の支払申請がなされたところ、当該顧客が別件について振込詐欺救済法2条3項が定める振込利用犯罪行為を実行した者である場合、金融機関はどのように対応すべきですか

A 支払申請をした顧客が、振込詐欺救済法9条2号に定める「被害回復分配金の支払を受けることが社会通念上適切でない者」に該当する場合には、金融機関は被害回復分配金を支払えません。同号に該当するためには被害回復分配手続に係る対象犯罪行為と一定の関連性を有する欠格者と同視すべき程度に「被害回復分配金の支払を受けることが社会通念上適切でない」と評価し得るに足る事情が必要となるように思われます。

解説

1 被害回復分配金の支払を受けることができない者

振込詐欺救済法は、「預金口座等への振込みを利用して行われた詐欺等の犯罪行為により被害を受けた者に対する被害回復分配金の支払等のため、預金等に係る債権の消滅手続及び被害回復分配金の支払手続等を定め、もって当該犯罪行為により被害を受けた者の財産的被害の迅速な回復等に資することを目的とする」法律ですが（振込詐欺救済法1条）、当該目的にも照らし、対象となる預金債権に係る犯罪行為に加担しているような者に対しては被害回復分配金の支払の受取りを認めない旨を規定しています。

具体的には、振込詐欺救済法9条2号により、①「対象犯罪行為を実行し

た者若しくはこれに共犯として加功した者」、②「当該対象犯罪行為に関連して不正な利益を得た者」、③「当該対象犯罪行為により財産を失ったことについて自己に不法な原因がある者」、④「その他被害回復分配金の支払を受けることが社会通念上適切でない者」等は、被害回復分配金の支払を受けることができないとされています。なお、「対象犯罪行為」とは、消滅等債権に係る預金口座等に係る振込利用犯罪行為を意味し（振込詐欺救済法8条1項）、「振込利用犯罪行為」とは、詐欺その他の人の財産を害する罪の犯罪行為であって、財産を得る方法としてその被害を受けた者からの預金口座等への振込みが利用されたものを意味します（振込詐欺救済法2条3項）。「振込利用犯罪行為」には、たとえば、オレオレ詐欺、架空請求、オークション詐欺、出資金詐欺等の詐欺犯罪のほか、横領、ヤミ金、マルチ商法などが含まれると考えられます。

2 実務上の注意点

上記の被害回復分配金の支払を受けることができない者のうち、①ないし③のような対象犯罪行為と一定の関連性を有する者については、該当性を判定することが比較的容易と考えられます。

他方、実務上、しばしば問題となるのは、被害回復分配手続に係る対象犯罪行為そのものには関与していないものの、別件の振込利用犯罪行為に関与した（またはその疑いのある）者（以下「別件振込利用犯罪関与者」といいます）が、上記④の「その他被害回復分配金の支払を受けることが社会通念上適切でない者」（以下「その他不適切者」といいます）に該当しないかという点です。もしその他不適切者に該当するのであれば、金融機関としては、別件振込利用犯罪関与者に対して被害回復分配金を支払うべきではないことになります。

この点、その他不適切者は、文言上、被害回復分配手続に係る対象犯罪行為との関連性は不要であると解されるものの、振込詐欺救済法9条2号に列

挙された他の欠格者との均衡を考慮するなら、被害回復分配手続に係る対象犯罪行為と一定の関連性を有する欠格者と同視すべき程度に「被害回復分配金の支払を受けることが社会通念上適切でない」と評価し得るに足る事情が必要となるように思われます。

そうだとすると、たとえば、被害回復分配手続に係る対象犯罪行為よりも軽微な・同種の対象犯罪行為を行ったことがあるといった程度の事情では必ずしも十分ではなく、より悪質な振込利用犯罪行為を行っていた・振込利用犯罪行為を反復継続してもしくは常習的に行っていた、といった相当の事情が必要であるという考え方も十分に成り立ち得るように思われます。

以上のような考え方によれば、金融機関としては、そうした相当の事情がない限りは、別件振込利用犯罪関与者の申請に基づいて被害回復分配金の支払に応ずることもやむをえないと解されます（本村健／大櫛健一「不正利用発覚後の対応措置の留意点―東京地判平22.7.23をモデルとして―」（金法1937号56頁）参照）。

IV

振込み・為替

17 インターネットバンキングと振込み・為替機能の重要性

Q インターネットバンキングにおける振込み・為替機能のメリットやサービスにはどのようなものがありますか。また、金融機関が注意すべき点としてはどのようなことが考えられますか

A インターネットバンキングには、対面窓口やATMまで行かなくても振込みがいつでもどこからでもできるというメリットや、複数の振込みをまとめて行うなどのサービスがあります。また、なりすましや不正送金防止に向けた対応や、顧客が損失を被った場合の金融機関の対応についてあらかじめ定めておくことが必要です。

解　説

1 振込み・為替機能の利便性

　振込みや送金などの資金移動に関するサービス（為替取引）は銀行の固有業務であり基幹サービスの一つです。最近は、インターネットの普及や資金決済に関する法律に基づく資金移動業者の参入などにより、資金移動について安価、便利でかつ安全なサービスに対するニーズが高まっていると考えられます。金融機関がインターネットバンキングを行うにあたってもこのような要請に応えるための対応を行うことが考えられます。この点、インターネットバンキングは、対面窓口やATMを使わず、パソコン・スマートフォン・タブレット等の機器を通じていつでもどこからでも振込み・送金手続を行うことが可能であり、かつ、リアルタイムに決済できるという大きなメ

リットがあります。具体的には、インターネットオークションやショッピングサイトでの決済のシーンで使えるほか、適時に証券取引やFX取引を行うニーズに応えるべく預金口座から証券口座への資金移動もスムーズかつリアルタイムにできる点などがメリットです。顧客がこのようなメリットを最大限生かせるよう、金融機関は、たとえば、システムのメンテナンスにより利用できない時間帯を利用者が少ない時間帯に設定する、利用できない時間をできるだけ少なくする等の工夫をしているところです。さらに、振込みや送金の手数料についても、各金融機関ごとに月間の回数や預金残高等の条件はあるものの、一般的に対面窓口やATMよりもインターネットバンキングのほうが安価なのが通常です。

　また、法人口座は一般的に個人口座に比べて大量の振込み・送金を短時間に行うケースが多いことが想定されます。この点、誤入力などによる振込み・送金エラーが発生すると、再入力の手間と時間がかかってしまいます。そこで、インターネットバンキングにおいては、このような振込み・送金エラーを少なくするために、一定の情報を入れると受取人情報が自動で表示されたり定期的な送金パターンを事前に登録したりするサービスを導入する方法など顧客の利便性を向上させるための対策が考えられます。このような対応は個人口座においても顧客が取引に要する時間を短縮できる点で有用と考えられます。

　一方で、振込みが容易にできる反面、誤振込みされやすいという側面もありますので、金融機関は、顧客に対して誤振込みをさせないよう注意喚起をし、操作ミス等の防止を図ることも重要です（Q22参照）。

　そのほか、たとえば、法人などが複数の振込先にまとめて近接した時期に振込みを行うことを可能とするため、インターネットバンキングにおいて複数の振込先をまとめて振込予約するといったサービスを提供することなども考えられます。

❷ なりすましや不正送金防止に向けた金融機関の対応

　インターネットバンキングにおいては前記のような各種サービスを用いることによって迅速・円滑な振込みが可能になりますが、なりすましや不正送金に利用されやすいという側面をもつため、非対面方式の金融決済システムにおける金融機関の注意義務としては、決済システムの安全性確保というハード面の注意義務から顧客情報の管理や顧客への説明義務といったソフト面の注意義務に至るまでシステムの全体において設置・管理・説明義務が認められると考えられています（新井剛「インターネットバンキングによる不正振込送金と銀行の免責」ジュリスト1393号108頁～111頁参照）。

　具体的には、預金者の預金から振込みを行う場合に、金融機関は、当該振込みが預金者本人であるかどうかを確認する手続として、あらかじめ定められた契約者番号（店番号、口座番号、暗証番号等）を第一暗証として入力を求め、振込みの際には可変暗証である第二暗証の入力を求める等、複数のプロセスを経て振込みを実行する対応が考えられます。また、暗証番号が第三者に知られることがないよう、厳重に管理することや暗証番号をパソコンに保存しない旨や万一パソコンに暗証番号を保存している場合は直ちに削除する旨の説明・注意喚起を行うことも有効と考えられます。さらに、暗証番号を一定回数間違えて入力するといったん利用できなくする等の仕組みを構築することも有効と考えられます。暗証番号の管理が不十分な場合には全銀協不正払戻対応などの自主ルールに基づく保護が受けられない可能性がある旨などをウェブサイトに表示するなどの注意喚起を行うことも金融機関による有効な対応と考えられます。

　そして、万一、なりすましや不正送金がなされたときに、預金者本人がすぐに気づくことができるよう、振込送金がされた場合には、直ちに電子メール等により預金者に連絡する等の対応を行うことも考えられます。

3 顧客に損失が発生した場合の対応

　不正送金等により顧客に損害が発生した場合の対応について、金融機関が責任を負うかどうかについては、「金融機関に責めがある場合」を除いては免責されるといった内容の規定を預金約款等に定めている例（免責約款）がみられます。そこで、どういう場合に「金融機関に責めがある場合」といえるかが問題となりますが、裁判例では「銀行の設置した、契約者番号、暗証番号等により本人確認を行うインターネットバンキング・システムを利用して、預金者以外の者が、当該預金から振込手続を行ったとしても、銀行が交付した契約者番号が使用され、正しい暗証番号等が入力されていた場合には、銀行による契約者番号及び暗証番号等の管理が不十分であったなどの特段の事情がない限り、銀行は入力された契約者番号及び暗証番号等とシステムのデータベースに登録されている当該預金者の契約者番号、暗証番号等を確認して現金の振込を実行した以上、銀行に『責めがある場合』にはあたらないと解すべきである」（大阪地判平成19年４月12日金法1807号42頁）とされています。

　金融機関が上記の免責約款の適用により免責される場合でも、顧客保護の観点から、金融機関が任意に保険による補てんを行う例もあります。この場合は、金融機関が保険会社との間で顧客を被保険者とする保険契約を締結しており、保険契約の内容に従い、一定の条件を満たす場合には一定額までの損失につき保険金が支払われることになります。なお、保険による補てんはあくまでも例外的な対応ですので、個別事案ごとに慎重に補てんの有無の判断をすべきと考えられます。

18 ▶ 為替取引の一般的な注意点

Q インターネットバンキングで為替取引が行われる場合、金融機関は本人確認（犯収法上の取引時確認）や説明をどのようにすればよいですか

A インターネットバンキングでの為替取引の取扱いは、非対面などの特徴を有することから、本人確認（犯収法上の取引時確認）、説明義務の履行等については対面での取引よりも慎重な対応が必要になります。

解　説

1 取引時確認

(1) 口座名義人の確認

　口座開設時のみならず、その後の為替取引（具体的には振替え・振込取引が多いと考えられます）の手続の際にも権限者による手続であることを確認する本人確認（取引時確認）が必要となります。

　従来の窓口における対面での取引であれば、通帳と届出印により（10万円を超える現金での振込みの場合には本人確認書類が必要）、また、ATMでの取引であれば、キャッシュカードと暗証番号により本人確認がなされます（犯収法4条3項、犯収法施行令13条2項、犯収法施行規則14条）。

　インターネットバンキングは、非対面で、顧客側のパソコン等の端末により行われる取引であるため、原則として口座名義人しか所持していない通帳、届出印、キャッシュカード等による確認をすることができないうえに、カメラ等による監視の及ぶ場所での取引ではないことから、窓口やATMで

の取引より、なりすまし等の異常な取引を確認することがむずかしいので、より慎重な対応が必要になります。そのため、インターネットバンキングにおける本人確認においては、個々の認証方式の各種犯罪手口に対する耐性を検証したうえで、個人・法人等の顧客属性を勘案し、固定式のIDやパスワードのみに頼らない可変式パスワードや顧客側の端末から発信する電子証明書などの認証方式の導入を図り、取引のリスクに見合った適切な認証方式を用いるなどが考えられます。また、不正送金があった場合にその発覚を容易にするため、電子メールで振込みがなされた旨を通知するサービスを行うことも考えられます。

　インターネットバンキングで無権限者が不正な振込みを行った場合に金融機関が免責されるためには、金融機関によるIDや暗証番号等の管理が十分であることが必要であり、口座利用時の本人確認情報としてどのような措置まで必要であるかは各金融機関の取扱いに注意する必要があり、その他セキュリティ技術の水準、社会のセキュリティ意識ないしセキュリティ強化に係る社会的要請を注視しつつ、コストとの見合いを考慮しながら検討・見直しを継続していく必要があると考えられます。

　なお、海外送金については、外為法上の本人確認も必要になります（Q24参照）。

(2)　**取引依頼の内容の確認**

　窓口での振込み・振替取引の場合は、振込等依頼書に顧客が記入を行うことから振込ミスも生じにくく、また対面の取引であることから窓口担当者から顧客に対して直接確認し、また説明を行うことが可能です。他方で、インターネットバンキングでは、たとえば振込先を登録した先から選択する際のミスなどの誤操作も生じやすく、また非対面の取引であって実際に対面しての確認・説明ができないために誤った手続がなされることも想定されるため、利用者の立場にいっそう配慮した取扱いが必要になると考えられます。

具体的には、誤入力等をあらかじめ防止し、また、顧客において誤振込み等に気づくことができるような措置をとることが必要になり、取引依頼の確認として、たとえば、取引実行までの確認回数を複数回とすること、取引実行までの間に手数料を含む内容を確認する画面をウェブサイトに表示すること、振込み・振替えの取引内容（結果）を顧客が確認できる手段を講じることなどが考えられます。さらに、顧客や振込先に対し電子メールにより通知することも、誤振込みに気づくためには有用と考えらえます。
　また、誤って取引がなされてしまった場合に備え、問合せシステムの充実を図ることも必要になり、ウェブサイトにFAQを設けるほか、24時間の電話相談窓口を設けることも考えられます。

2　説明義務の履行の方法

　窓口での取引の場合は、対面で顧客に対し説明しその理解を確認することが可能ですし、また、たとえば取引時間について、時間外であれば店舗が閉まっていることから顧客に誤解が生じにくいと考えられます。これに対し、インターネットバンキングでは、非対面の取引であって実際に対面しての説明・確認ができず、また基本的には24時間手続が可能であるなどの違いがあります。そのために、取引時間や手数料等について、たとえば、為替取引が直ちに実行される（振込先に直ちに着金される）、手数料が無料であるといったような誤解に基づき顧客からクレーム等が生じるおそれもあり、金融機関においてはウェブサイトでの取引という点に配慮した取扱いが必要になると考えられます。
　たとえば、前述したような振込み・振替えにおける取引時確認の方法を含む具体的な手続の内容、それにかかる手数料、取引内容（結果）の確認方法、取引内容の確定後の変更・取消の手続の内容、取扱いができない日時やケースなどについて、約款やパンフレット等に記載することが考えられます。また、実際の振込み・振替取引はウェブサイトで非対面にて行われるこ

とから、説明内容についてウェブサイトに公開・表示し、さらに電子メールで送付するなど顧客が十分に理解できるような手段をとることが必要になると考えられます。そして、ウェブサイトに情報を表示する方法としても、顧客が容易に認識できるように、スクロール不要の範囲に表示したり、また、顧客の理解を確認できるよう「同意する」ボタンを設けることが必要となります。

　インターネットバンキングでは、個人情報の漏えいの危険性や類推されやすい暗証番号の使用の危険性等に関する注意喚起などを継続的に行うことも重要であると考えられます。また、振り込め詐欺の防止の観点からは、振込手続の確定前の画面において注意喚起文言を表示するなどの対応も考えられます。

19 ▶ 仮名名義口座への対応

Q インターネットバンキングで、預金口座からの振込依頼を受けた際に、仮名名義であったことが判明した場合、金融機関はどのように対応すべきですか

A 仮名名義口座については、大きく分けて、架空名義の場合と第三者名義の場合があります。また、架空名義に類似するケースとして、通称・雅号が口座名義に用いられている場合もあります。
　いずれの場合についても、いわゆる預金者の認定を行う必要があるものの、非対面取引であるインターネットバンキングでは対面取引よりもこの認定がむずかしくなることから、裁判等を通じて真の権利者が確定するまでは取引に応じないことも検討の視野に入れることになります。また、犯罪利用の疑いがある場合には、その観点からの対応を検討する必要があります。

解　説

1　架空名義の預金者の認定

　金融機関は、原則として、架空名義での預金口座の開設を認めるべきではありません。しかし、既存の口座について、架空名義の口座であることが判明した場合には、金融機関は、当該口座の真の権利者が誰かを適切に判断し（いわゆる「預金者の認定」）、真の権利者に払戻しを行ったうえで口座解約へ誘導するなどの対応が考えられます。
　このように、架空名義の口座であることが判明した場合、金融機関にとって誰が真の預金者かを確知できない状況となる一方で、単にウェブサイトに

おける操作に従って振込みを行ったり、あるいは、払戻しを認めたとしても金融機関は免責されないおそれが生じます。

❷ 架空名義で正当な権利者が確知できない場合

　対面取引においては、架空名義の口座について、権利者間で自身が正当な権利者であると主張して争う場合等には、金融機関としては、通常、証書（通帳）、キャッシュカード・届出印鑑の所持者、口座開設の経緯、従来の取引状況等から判断して処理することが一般的です。

　これに対して、インターネットバンキングでは証書（通帳）が発行されず、他方で、トークンやセキュリティカードなどが発行されることが多いので、これらを代替の確認資料として用いることが考えられます。また、届出印鑑を必須とせず、サインによる口座開設を可としている場合には、署名の筆跡確認を行うことも必要になります。さらに、口座開設時に金融機関の従業員が口座開設者と対面するわけでもないため、口座開設の経緯を精査・分析することは容易ではないといえます。また、これらの確認手続は基本的に対面で行うことが望ましいですが、インターネットバンキングにおける原則的な顧客窓口は、サポートセンターでの電話受付であり、これらの確認手続がむずかしくなります。

　以上のような種々の確認手続にもかかわらず、正当な権利者の判断が困難な場合には、当事者から提起される訴訟の結果を待って口座利用・払戻しを認めるといった方法をとらざるをえないこともあるでしょう。とりわけ、インターネットバンキングでは、通常の対面取引により開設された預金口座よりも真の預金者の認定が容易ではないので、こうした消極的ないわば「待ちの姿勢」で臨まざるをえなくなる機会が増えることはやむをえないと思われます。

3 通称・雅号名義の有効性

　金融機関は、顧客から顧客自身の公的記録上の正式な名称ではなく、通称・雅号によって取引をしたい旨の申出を受けることがあります。通称は世間一般に通称する呼称であり、雅号は文人、学者、画家などが本名とは別につける名称であって、公的記録上の氏名と同じく、あるいはかえって本人を表示するのに適する場合もあります。特に個人事業主などは公的記録上の名称以外を用いることもあり、また、国内で通称を用いる外国人も少なくありません。このように、通称・雅号は具体的な顧客を表示・特定する機能を有しており、顧客自身が自己を表示・特定する名称として当該通称・雅号を用いようとする点において、顧客が自分とは異なる人格を表示・特定させようとする架空名義とは異なっているといえます。

　とはいえ、金融機関としてはあくまで本名での取引を行うことが原則であり、通称・雅号による取引は例外的な取扱いにとどめ、通称・雅号が広く知られているなどの合理的理由があるときに、通称・雅号での取引を行うことも考えられます。この場合、一般に行為者本人を特定するに足りる名称であれば、公的記録上の名称に限らず、通称・雅号であっても取引は有効と解されます。

4 通称・雅号を利用した取引の注意点

　金融機関にとっては、通称・雅号による取引は公的記録上の氏名による取引と比べて安全とはいえません。通称・雅号は、それを公証する形式的資料が存在しないケースが多く、通常は、本人の慣用によって知人、取引関係者に本人の名称として広く知られているので、通称・雅号による取引では不正行為の入り込む余地が多いといわざるをえません。

　したがって、通称・雅号による取引を認める場合には、その名称が真の意味の通称・雅号であるかどうかの確認を怠らないようにする必要があり、本

人の公的記録上の名称による署名を併記し、またはその旨の念書を徴求するなどして、本人の通称・雅号である旨の保証を得ることは最低限必要というべきでしょう。

さらに、インターネットバンキングでは、対面取引と比して、取引開始当初にそうした保証を得ることも、また、将来にわたって確認を継続することも容易ではないと思われますので、①通称・雅号が広く知られているなどといった場合でも、原則として通称・雅号名義を認めない、②既存の口座について、通称・雅号名義の口座であることが判明した場合にも、通称・雅号による利用を継続させず、本名への変更手続を要請する、当該変更手続に応じない限り、口座利用制限・停止するなど、保守的な運用も検討する必要があるでしょう。

5 第三者名義の注意点

第三者名義の口座利用については、①口座の売買や②他人の身分証明書を使用したなりすましなどによって、現実として発生することがあります。そこで、既存の口座について第三者名義の口座であることが判明した場合、金融機関としては、当該口座の真の権利者が誰かを適切に判断する必要があり、出捐者は誰か、口座を開設した者は誰か、その経緯はどうなっているか、その後口座を管理していた者は誰かなどといった事情を精査し、誰が真の預金者であるかを判断し、その者との間で取引を行う必要があります。第三者名義の場合には、従前の取引者とは別に、当該名義によって特定される第三者が存在していることが明らかであるため、預金が本当に従前の取引者に帰属するものなのか、あるいは名義人たる第三者に帰属するものなのかについて、いっそうの注意を払って確認を行う必要があります。

また、第三者名義が用いられるケースについては、先に述べたとおり、その前段階において①口座の売買や②他人の身分証明書の使用などが行われていることも多く、そうした場合の利用者は、いわゆる第三者になりすますこ

とによって、当該口座を犯罪利用に用いようとしている可能性も高いことに注意する必要があります。そのため、預金者の認定に注意を払うほか、口座が犯罪に利用されている疑いがあるようであれば、警察へ連絡するなどといった対応も検討する必要があります（犯収法27条、28条参照）。

6 犯収法に基づく措置

　金融機関には、犯収法に基づく取引時確認義務があり、預金取引を開始するにあたっては、本人特定事項を確認しなければなりません。また、預金取引開始後（口座開設後）、本問のように架空名義や第三者名義であることが判明した場合には、あらためて犯収法に基づき、預金者の取引時確認を行う必要があります（Q37参照）。また、預金口座等が犯罪に利用されている疑いがある場合には疑わしい取引の届出（犯収法8条）を検討する必要があります。

20　相続預金への対応

Q インターネットバンキングで、預金者の相続人を名乗る者から相続預金の振込依頼を受けた場合、金融機関はどのような点に注意し、どのように対応すべきですか

A 金融機関の預金の払戻し・振込みその他の取引を停止し、そのうえで、相続預金が誰に帰属するかを確認するために、預金者の死亡の事実の確認、預金者の遺族からの届出の受理、預金者の相続人を調査する必要があります。

そうした調査により、二重払いのリスクがないこと、あるいはきわめて低いことを確認ができた場合には、相続人による払戻しや振込みその他の取引を行うことができます。

解　説

1　預金者の死亡による預金の共同相続

預金は預金者の金融機関に対する分割可能な金銭債権であり、預金者が死亡すれば相続人が相続します（共同相続）。この場合の金銭債権の相続人への帰属態様について、判例では相続開始と同時に各相続人に預金債権は分割帰属し、各自の法定相続分に応じ、共同相続人は個別に金融機関に対して預金の払戻請求が可能になるとの考え方（当然分割説）が確立されているといってよいでしょう（最判昭和29年4月8日民集8巻4号819頁）。もっとも、実際問題としては、遺言の有無、相続の放棄、相続人の欠格・排除、遺贈など相続分に影響を及ぼす諸事情の確認が困難であること、また、遺産分割前

かどうかの確証を得ることもむずかしいことなどから、金融機関が、事実上、相続をめぐる争いに巻き込まれることを避けるように注意する必要があります。

2 預金者の死亡を知った場合の初動対応

金融機関は、多数の顧客と預金取引を行っているため、預金者が死亡したことを知らないで金融機関が預金を支払う可能性もありえますし、非対面取引であるインターネットバンキングでは、その可能性がより高いと思われます。

他方で、預金者の相続人を名乗る者があらわれた等の事情により、金融機関が預金者の死亡を知った場合には、第一段階として、金融機関の不注意による預金の払戻し・振込みその他の取引の実行を防止する措置をとる必要があります。なぜなら、相続分以上に払い戻し、または、第三者に振り込んでしまうと、二重払いのリスクが生ずるからです。そこで、預金取引約款、行内マニュアル等に従い、①死亡した預金者との取引内容の確認、②システム上の預金者死亡登録によって、取扱店だけでなく全店での支払停止、さらには、インターネットバンキング・サービスの利用停止、③関係帳簿への預金者死亡の旨の記載等の手続を行うことが一般的といえましょう。

3 相続の調査

初動対応に続いて、相続預金が誰に帰属するかを確認するために、預金者の死亡の事実の確認、預金者の遺族からの届出の受理、預金者の相続人の調査・確認などを行うことになると思われます。

相続預金の払戻しや振込みについては、当該払戻し・振込みにより、その相続預金の権利者の利益を侵害することにならないか（もし侵害すれば金融機関は二重払いのリスクを負います）を確認するために、主として次のような手続を行うことが考えられます。

① 預金者死亡の事実確認

　一般に、被相続人の戸籍謄本・除籍謄本で確認しますが、対面窓口がない、または、少ないインターネットバンキングでは、基本的にはそれらの原本を郵送してもらうことになるでしょう。他方で、各金融機関の工夫や取組みによっては写真や写しを電子メール送信してもらうことも考えられます。

② 相続人の確認

　戸籍謄本により確認しますが、必要に応じて転籍前の謄本、分籍前の謄本等でも確認します。こちらも基本的には原本の郵送を受けることになると思われます。

③ 遺言の有無

　遺言があるかどうかは第三者からは容易には判明しないので、一般の対面取引においては、特に疑わしい事情がない限り通常は口頭で確認する程度でもやむをえないと考えられます。インターネットバンキングでは、口頭で確認しようとするのであれば、基本的には電話対応によると思われますが、そもそも、電話の対応者が相続人であることを確認すること自体が容易ではありません。また、電話対応での口頭確認で十分といえるかどうかについても慎重に判断する必要もあります。さらに、遺言書が存在することがわかったとしても、1通しか存在しない原本を借り受けて確認することは、汚損・紛失等のリスクを伴うため、なかなか困難です。次善の策としては、写し・原本証明付き写しなどで対応することも考えられます。

④ 遺産分割協議の有無

　遺産分割協議は共同相続人等だけで行う場合と家庭裁判所で行う場合とがあり、こうした分割協議の成立の有無を確認し、成立していれば、分割協議書や審判書謄本等の提示を受けて内容を確認すべきです。しかし、分割協議書の原本を借り受けることもむずかしいので、遺言書の原本確認と同様の問題があります。

⑤　相続関係者全員の連署

　以上のような確認手続後、相続関係者全員の連署により、その意思を確認してから支払に応じるのが実務の慣行になっているといえます。

4　相続預金の取扱い

　相続の調査を行ったうえで、遺産分割協議成立前であれば、相続人全員の同意に基づき、相続人全員に対して一括で払い戻す取扱いが金融機関の実務では一般的です。また、遺産分割協議成立後であれば、協議内容に従い支払うことになります。このように、金融機関としては、二重払いのリスクがないこと、あるいはきわめて低いことを確認したうえで、相続人による払戻しや振込みその他の取引を認めるべきであり、他方で、そのような確認が十分に可能であれば、一部の相続人からの請求だけで、その法定相続分に相当する取引を認める判断もあり得るところです。

　なお、金融機関が預金者の死亡を知らずに払い戻しても、その知らないことについて金融機関に過失がなければ、所定の手続どおりに払い戻している限り預金規定の免責約款により、または債権者への準占有者への弁済（民法478条）として有効となります。

5　架空名義や第三者名義の預金について

　架空名義預金や第三者名義預金に関し、真の預金者が死亡した場合でも、金融機関が預金者の死亡を知らない場合は、証書と印章の持参人に支払えば特に過失がない限り金融機関は免責されます。しかし、相続人から預金者死亡の届出があったり、金融機関がなんらかの理由で真の預金者が死亡した事実を知っていた場合にはむずかしい問題が生じます。

　具体的には、預金者の認定の問題であり、実務上は、事実調査をして死亡者が真の預金者であることが確認できた場合のみ、その相続人に対して支払をなすべきでしょう。

21 無権限者による不正な振込みへの対応

Q インターネットバンキングで、無権限者による不正な振込みがなされた場合、金融機関が免責を受ける可能性はありますか。また、不正な振込みに対して、金融機関はどのような対応をすべきですか

A 金融機関は、インターネットバンキングのシステム全体が安全なものであるよう注意義務を果たしていた場合には免責約款により免責されますが、預金者が無過失である場合には補てんを行うことになります。預金者に過失・重過失がある場合については、個別の事案に応じた対応が必要となります。

解　説

❶　無権限者による不正な振込みの被害

　近年、インターネットバンキングの利用者のパソコンに入力されたIDやパスワードを不正プログラムなどを用いて入手した第三者が、利用者の口座から他人名義の口座に不正な振込みを行う被害が急増しており、2013年の1～11月までの期間における被害額は11億8,400万円に上ると報道されています。

❷　金融機関が免責される場合

(1)　免責約款による免責と金融機関の無過失

　インターネットバンキングに係るパスワード等の不正利用に関しては、①

通信経路で盗聴等がなされたことにより暗証番号等が漏えいしたことに起因する損害、あるいは②暗証番号等に偽造・変造・盗用・不正使用等があったことに起因する損害について金融機関を免責する免責約款が置かれているのが通常ですので、当該免責約款による免責の要件が問題となります。この点、窓口における払戻しに関する免責約款については、民法478条の定める準占有者への弁済者の責任を軽減するものではなく、免責約款により免責されるにあたっても、弁済者において行為者が正当な権限者であると信じたことにつき無過失でなければならないとされています（最判昭和50年6月24日金法763号34頁）。したがって、インターネットバンキングに係る不正振込みに関して免責を主張する場合にも、金融機関が無過失であることが要求されるものと考えられます。

(2) インターネットバンキングにおける金融機関の注意義務

それでは、インターネットバンキングにおいて金融機関が免責を認められるために果たすべき注意義務の内容はどのようなものでしょうか。インターネットバンキングでは、無権限者であっても、サイトにアクセスし、正しいIDとパスワードを入力すれば自動的に不正振込みが可能となってしまう点で、金融機関の職員による判断の過程が介在する面前取引とは異ります。したがって、インターネットバンキングにおける金融機関の注意義務を考えるにあたっては、同様に非対面取引であるATMによる払戻しについての判例・学説が参考になります。ATMによる不正払戻しに関して、判例は、「銀行による暗証番号の管理が不十分であったなど特段の事情がない限り」免責約款による免責を認め（最判平成5年7月19日裁判集民事169号255頁）、民法478条の適用に関し「機械払システムの設置管理の全体について、可能な限度で無権限者による払戻しを排除しうるよう注意義務を尽くしていたことを要する」としており（最判平成15年4月8日民集57巻4号337頁）、学説も、金融機関の免責にはシステムが全体として安全なものであることを要するとし

て、カード等の管理に関する注意喚起を行っているかなどを含めたソフト面、ハード面の両面について考慮すべきと解しています。

したがって、インターネットバンキングでも、金融機関が、システム全体についてソフト面、ハード面の両面が安全なものであるよう注意義務を果たしていた場合には免責約款により免責されるものと解することができます。

なお、金融機関がインターネットバンキングのシステム全体の安全性を確保するため具体的にどのような措置をとるべきかについて、裁判例では、暗号通信方式の採用や暗証番号等の入力を一定回数以上間違えると手続が行えなくなる措置がとられていること、暗証番号の管理についての注意喚起がなされていることなどを理由に金融機関の免責を認めた例があり（東京高判平成18年7月13日金法1785号45頁、大阪地判平成19年4月12日金法1807号42頁）、参考になります。もっとも、不正振込みの手口は現在も日々巧妙化しており、金融機関がとるシステムのセキュリティ対策や顧客への注意喚起等の措置の内容も、それに対応することが求められているといえるでしょう。

3　不正な振込みに対する金融機関の対応

インターネットバンキングの利用者に不正な振込みの被害が生じた場合に、金融機関はどのように対応することになるでしょうか。

不正な振込みに対する金融機関の対応を検討するにあたっては、偽造カード・盗難カードによる被害に関して預金者保護の枠組みを設定している預金者保護法の枠組みを参照することになります。預金者保護法では、盗難キャッシュカードによる不正払戻しの被害につき、個人顧客である預金者がすみやかに金融機関に通知し、金融機関に対して十分な説明を行い、捜査機関に盗取の届出を行っていることを前提に（預金者保護法5条1項）、預金者が無過失の場合には払戻金額の全額が補てんされるのに対し、（金融機関の善意無過失を前提として）軽過失の場合は75％の補てんにとどまり、さらに、預金者に重過失がある場合には補てんはなされないこととされています（預

金者保護法5条2項)。ただし、金融機関への通知が被害発生日の30日後までに行われなかった場合等については、補てんは行われません(預金者保護法5条6項)。また、偽造キャッシュカードによる不正払戻しの被害に関しては、預金者に故意がある場合、または、金融機関が不正払戻しについて善意無過失でありかつ預金者に重過失が認められる場合を除き、偽造キャッシュカードによる払戻しは無効となることとされています(預金者保護法4条1項)。

4 インターネットバンキングでの不正な振込みに対する金融機関の対応

　全銀協では、2008年に、盗難通帳・インターネットバンキングによる不正払戻しによる個人顧客の被害についての申合せ(全銀協不正払戻対応)を行い、会員に対して、約款等の整備や行内態勢の整備を図るとともに、被害者に対して預金者保護法の趣旨を踏まえた対応を行うよう通知しました。

　全銀協不正払戻対応では、インターネットバンキングにおける不正払戻しの被害につき、預金者に過失がない場合には金融機関が払戻金額の全額を補てんすることとされています。その前提として、盗難キャッシュカードによる被害に係る預金者保護法の枠組みと同様、不正払戻しの被害につき、預金者がすみやかに金融機関に通知し、金融機関に対して十分な説明を行うことが求められます。なお、インターネットバンキングの不正振込みの場合、不正アクセスを受けたサーバーを管理する金融機関が刑法上の被害者となるため、預金者が捜査当局へ届出を行うことは要件とはされておらず、預金者が捜査当局への被害事実等の事情説明を行うことで足ります。なお、金融機関への通知が被害発生日の30日後まで行われなかった場合等については補償が行われないことは預金者保護法5条6項に定めるところと同様です。

　また、全銀協不正払戻対応では、インターネットバンキングにおける不正払戻しの被害につき預金者に過失・重過失がある場合の類型やその取扱いに

ついては、個別の事案に応じた対応を求めています。これは、インターネットの技術やその世界における犯罪の手口は日々高度化・巧妙化しており、そうしたなかで金融機関側のセキュリティ対策も一様ではないことを踏まえ、過失・重過失の類型やそれに応じた補償割合を定型的に策定することは困難であることから、被害にあった顧客の対応や状況等を加味して判断することとされているものです。言い換えれば、各金融機関がそれぞれの採用するセキュリティ対策等に応じて預金者保護の観点から適切な対応がとることが求められているといえます。

　もっとも、今後のインターネットバンキングの普及に伴って預金者側のセキュリティ対策についても徐々に共通の認識が醸成されることになると思われます。預金者保護の枠組みの明確化の観点から、預金者側で最低限のセキュリティ対策がとられていない場合には預金者の過失・重過失を認定するなど、預金者の過失・重過失の類型化に向けた取組みが望まれるところです。

22 誤振込み・組戻しへの対応

Q 誤振込みと組戻しについてインターネットバンキングで特に注意すべき点はありますか

A 仕向金融機関は、ウェブサイトなどに、誤振込みをさせないようにする注意喚起や誤振込みが発生した場合の組戻手続に関する注意点を明記することが望まれます。また、被仕向金融機関は、組戻依頼を受けた後、受取人への通知、組戻承諾の方法、振込依頼人や受取人から問合せ等があった場合の対応に注意すべきです。

解　説

1 誤振込み・組戻しに関する法律関係

(1) 振込み・組戻しの法的性質

振込みは仕向金融機関に対し、振込依頼人の指定する被仕向金融機関の受取人口座に振込金の入金処理を委託する委任契約であると考えられます。組戻しは受取人口座にすでに振込入金された資金を、振込依頼人が金融機関を通じ受取人に資金返却を求める手続のことをいい、委任契約の解除であると考えられます。

(2) 誤振込みが行われた場合、受取人が預金債権を取得するか

一般的に振込みは、振込依頼人と受取人との間に売買契約などのなんらかの原因関係があり、この原因関係を決済する手段として振込みが行われるのが通常ですが、誤振込みについては、振込依頼人と受取人の間に原因関係が

存在しないので、受取人が当該誤振込みに係る預金債権を取得するかが問題となります。判例（最判平成8年4月26日民集50巻5号1267頁）は「振込依頼人から受取人の銀行の普通預金口座に振込みがあったときは、振込依頼人と受取人との間に振込みの原因となる法律関係が存在するか否かにかかわらず、受取人と銀行との間に振込金額相当の普通預金契約が成立し、受取人が銀行に対して右金額相当の普通預金債権を取得するものと解するのが相当である」として、誤振込みの場合であっても、正規の為替処理で入金された以上、受取人が普通預金債権を取得するとしています。これは、振込みは簡便かつ迅速な資金移動手段であり、多数かつ多額の資金移動を円滑に処理するため、仲介者としての役割を担う金融機関が振込依頼人と受取人の間の原因関係の有無・内容を関知することなく振込処理を行う仕組みをとっているからです。

2 仕向金融機関として対応する場合

(1) 事前の対応（誤振込予防策）

　誤振込みに関する事前の予防策としては振込先が正しいことを振込前に顧客に注意喚起するといった対応が考えられます。インターネットバンキングの場合はウェブサイトで振込手続を簡単に行えるため、振込先の確認画面など、顧客の目に止まりやすい場所に、「振込先が正しいかご確認ください」、「いったんご依頼いただいた振込みは（原則として）取り消すことはできません」、「仮に、取消しを行う場合には所定の手数料が発生します」などの注意喚起文言などを各金融機関の取扱いに応じて入れておくことが望ましいです。また、このような注意喚起文言などについてチェックボックスを設け、「上記の注意事項を了承のうえで振込を実行します」とのアイコンをクリックしないと実行できないなど預金者の意思確認に係る仕組みを構築する対応も考えられます。

(2) 誤振込みが行われた場合の対応

　誤振込みが行われた場合には、振込依頼人からの依頼により資金返還の手続を行うことがありますが、当該振込事務がどの過程にあるかどうかで処理が異なります。

① 組戻依頼を受けた時点で被仕向金融機関宛ての振込通知が未発信の場合

　この段階では振込依頼人と被仕向金融機関との間に法律関係が生じていないので、振込依頼の取消しの手続を行うことで対応します。

② 組戻依頼を受けた時点で被仕向金融機関宛ての振込通知が発信済の場合

　この段階では振込みに係る委任事務の処理が仕向金融機関と被仕向金融機関の間で進行していることから、被仕向金融機関に対し組戻依頼電文を発信することになります。

③ 組戻依頼を受付する際の注意点

　組戻依頼を受付する方法としては電話での受付のほか、インターネットバンキングの場合は、ウェブサイトで組戻依頼を受け付けることも考えられます。その際に、振込人に対する事前の説明として、受取人の承諾が得られない場合は組戻しを行えない場合があることや、依頼日時に制限がある場合はその旨、一定時間以降は翌営業日扱いになる旨、組戻しの手続には時間がかかる可能性があること、組戻しには手数料が発生すること等をあらかじめウェブサイトで説明しておくことが望まれます。

3　被仕向金融機関として対応する場合

(1) 組戻依頼を受けた場合

　被仕向金融機関が組戻依頼電文を受けた段階で、当該振込みが受取人口座に入金されているかどうかでその後の対応が異なるので、まず、受取人口座への入金の有無を確認します。

① 受取人口座に未入金の場合

　この場合は受取人との関係では法律関係が発生していないので、受取人の

承諾等の手続は不要です。入金手続を中止し、仕向金融機関に対し付替えにより、振込資金を返戻します。

② 受取人口座に入金済みの場合

　受取人口座に振込資金が入金されている場合、振込みに係る委任事務はすべて終了しているので、受取人の承諾を得たうえで組戻手続を行うことになります。受取人の承諾に先立って、受取人へ誤振込みの事実と組戻しの承諾依頼に関する通知を行います。通知はメール、郵送、電話などの手段の他、インターネットバンキングではログイン後のウェブ画面に表示させるなどの手段を組み合わせて行うことが考えられます。

　受取人は、誤振込みの事実を知らない場合も多く、金融機関からの突然の連絡に戸惑うことも想定されますので、組戻手続の応諾への理解を得るために、丁寧に説明することが肝要です。この時、受取人と連絡不能な状態となると組戻手続の承諾を取得することができませんので、金融機関は顧客情報を最新の情報に保つようにする必要があります。また、受取人の承諾を取得する方法としては、対面窓口を有する店舗型の金融機関では窓口で組戻しの承諾手続を行うことができますが、インターネットバンキングでは、ウェブサイトで承諾する方法、承諾書を郵送する方法、電話で承諾する方法が考えられます。同意の手続を行う際に注意すべきことは、インターネットバンキングでは、対面取引に比べて、一般的になりすましなどが容易であるため、郵送の場合には本人確認資料の写しの同封を求める、電話の場合は受取人本人であることを確認するために本人しか知りえない情報に関するいくつかの質問を行うなど、なりすまし防止措置を行うことが肝要となります。一方で、当該振込みに関して本来まったく関係のない受取人に対して過大な事務負担を強いることは妥当ではないので、なりすまし防止措置の必要性を考慮しつつ、受取人の目線にも配慮した手続の整備が望まれます。受取人の承諾が確認できた場合には資金返却の手続を行い、受取人の承諾が確認できない場合は、仕向金融機関に組戻手続ができない旨を連絡します。

(2) **受取人から連絡があった場合の対応**

　受取人から身に覚えのない振込みがあったと申出があった場合の対応としては、まず、受取人口座の名義人本人からの申出であるかどうかの確認を行います。そのうえで、振込金額、名義人のどちらにも思い当たるものがないか確認を行い、その結果を仕向金融機関に連絡し、振込依頼人への連絡を依頼する等の対応が考えられます。

4　その他注意すべき点

(1) **組戻手続が完了しない場合**

　組戻しに関する受取人の承諾が得られない場合には組戻手続が完了せず、振込依頼人へ資金が返還されません。この場合、振込依頼人としては、再度組戻依頼を仕向金融機関に対して行うか、受取人に対して直接資金返還を依頼することで解決を図ることとなります。

　しかし、振込依頼人は受取人（誤振込先）とはまったく面識がないことが通常なので、受取人の連絡先がわからず、連絡がとれない場合が想定されます。この場合、被仕向金融機関としては、受取人に関する情報（住所、電話番号などの連絡先）の開示を求められた場合の対応に注意する必要があります。この点、金融機関は個人情報保護法あるいは民事上の守秘義務を遵守する必要がありますので、顧客情報（個人データ）を情報開示する場合であっても、個人情報保護法の第三者提供の例外のケースに該当するかどうか、守秘義務との関係では当該義務が免除される場合であるかどうかなどを外部専門家の意見を聞きつつ個別事案ごとに判断する必要があります。

(2) **受取人が死亡している場合**

　誤振込前に相続人等から口座名義人死亡の連絡がある場合には、入出金停止措置がとられるのが一般的ですので、誤振込みがされることはありませんが、誤振込みがされた後に、死亡の事実が発覚した場合には、相続手続と組

戻手続の双方が問題となりますので、特に注意が必要です。

(3) **振り込め詐欺等により振込みされた資金の返還の場合**
　振り込め詐欺等により振込みを行った資金の返還については、通常の組戻手続ではなく、振込詐欺救済法に基づく手続を考慮しなければならない点にも注意が必要です。

23 イレギュラーな（ウェブサイト外や口座名義人によらない場合など）振込みへの対応

Q インターネットバンキングにおいて、ウェブサイト以外で緊急に預金の振込み等の申出があった場合、また、預金口座名義人以外から緊急に預金の振込み等の申出があった場合、金融機関は、どのように対応すべきですか

A 預金口座名義人本人がIDやパスワードを忘れた場合には、これらを再交付するなどの所定の手続を経たうえで対応を行いますが、パソコンを使えないなどの場合には、本人確認を十分に行ったうえで、ファクシミリ等により振込みを受け付けることが考えられます。

　預金口座名義人以外からの申出に対して、個別対応として振込みに応じる場合もあり得ますが、そうした場合には、預金口座名義人本人が手続できない理由や、振込みの必要性、緊急性等を慎重に確認することが必要です。

解　説

1　はじめに

　通常、インターネットバンキングでは、IDやパスワード等の入力によって、預金口座の利用権限の確認を行ったうえでウェブサイトで取引がなされることになります。しかし、預金口座名義人本人が預金口座を利用したいがウェブサイトでの手続では利用できない場合や、預金口座名義人以外が預金口座の利用を希望する場合が考えられます。緊急に預金口座を利用することが必要な場合も考えられますので、金融機関として、どこまで対応でき、どのような対応をすべきかということが問題となりやすいのですが、インター

ネットバンキングで電話等による非対面での対応を前提とした場合には、窓口での対応と比較して対応がむずかしい面があるので、よりいっそうの注意が必要になります。

2　ウェブサイト以外で緊急に預金の振込み等の申出があった場合

　ウェブサイト以外で緊急に預金の振込み等の申出がある場合としては、①IDやパスワード、暗証番号を忘れた場合や②パソコンが使えない場合等が考えられます。

(1)　IDやパスワード、暗証番号を忘れた場合
　この場合では、IDやパスワードや暗証番号を再交付する手続を行い顧客をウェブサイトでの手続へと誘導することになります。パスワードの再交付にあたっては、本人認証を厳格に行う必要があります。本人認証の方法としてリマインダ機能（登録時に本人が決めた情報を登録しておき、その情報を利用者に入力させることで、パスワードの再発行する仕組み（たとえば、「出身小学校は？」等の質問に対してあらかじめ登録しておいた情報を答えとして入力すると、パスワードが再発行される））を用いるなど、申出人が口座名義人本人であることの確認をあらためて行ったうえで、IDやパスワードの再交付等の処理を行うなどの対応が考えられます。

(2)　パソコンが使えない場合
　この場合では、まず、その申出が本人であることの確認として登録された電話番号に電話して、質問によって登録データとの照合を行うことが考えられます。そのうえで、ウェブサイトでの手続ができない理由や、窓口に来訪できない理由、さらに振込みが必要な理由などの事情を確認のうえ、ファクシミリを用いて振込受付を行うなどの方法が考えられます。振込用紙とあわ

せて本人確認資料を同時に送信してもらうようにするなど、なりすまし防止措置を講じることが重要となります。しかしながら、後にトラブルになった際に銀行が免責されるかどうかは確実ではないことから、金融機関としては、損失を可能な限り最小化すべく、振込額を一定限度に限定したうえでこれを行うことが考えられます。

❸ 預金口座名義人以外から緊急に預金の振込み等の申出があった場合

　預金口座名義人以外から緊急に預金の振込み等の申出がある場合としては、①預金口座名義人本人が入院したなどの事情により、預金口座名義人自身では手続を行うことができないことが判明した場合、②高校・大学等の入学金・授業料等の振込みを預金口座名義人本人に代わって保護者等が行おうとしていることが判明した場合などが考えられます。ただし、インターネットバンキングの場合は、保護者等が本人に代わってウェブサイトで操作することで振込み等ができることから、実務上問題となることは少ないと考えられます。

(1)　預金口座名義人自身が手続できない場合

　この場合は、預金口座名義人本人からの委任状が取得できる場合であれば通常の代理人による手続で対応できます。

　預金口座名義人本人からの委任状等がない場合、預金口座名義人以外には預金口座の利用権限がないため、これを謝絶することが原則的な対応になります。個別に判断する場合、振込みが必要な理由、預金口座名義人本人が振込みをすることができない理由、預金口座名義人との関係、窓口に来訪することができない理由などの事情を確認する必要があり、また、預金口座名義人に対して電話連絡をして電話での対応に問題がないことの確認が必要と考えられます。そして、振込みの必要性・緊急性などに応じ、例外的な対応を

許容するかどうかを検討する必要があります。

そして、例外的な対応を行う場合であっても、後のトラブルを防止する観点から、口座名義人と申出者の本人確認資料や口座名義人本人が振込みできない事情を証明する文書（たとえば、入院しているケースにおける医師の診断書等）、振込みの必要性を証明する文書（たとえば、病院からの請求書等）その他必要と考えられる資料の提出を受けたうえで慎重に判断することが必要と考えられます。

さらに、後にトラブルになった際に金融機関が免責されるかどうかは確実ではないので、金融機関は、損失を可能な限り最小化するために、振込額を一定限度に限定したうえでこれを行うことが考えられます。

(2) 保護者等が手続しようとする場合

前提として、保護者等から異なる名義を用いて振込みを行う理由ないし事情を聴取したうえで、その振込みが行われることに問題がないことを確認できた場合に、取引に応じることができると思われます。

この場合、犯収法の観点からは、国・地方公共団体への金品の納付は、取引時確認義務の対象とならないため、都道府県・市町村の設置する高等学校等に対する保護者等の振込みについては、犯収法に基づく取引時確認は必要とされません（犯収法施行規則4条1項7号ロ）。

それ以外の学校についても、入学志願者である振込名義人に代わって保護者等が振込みの手続を行う場合には、自己の氏名と異なる名義を用いることについて、入学金等の振込みのために行うことを金融機関等の窓口において申し出ることにより、保護者等の取引時確認書類のみを提示すればよいとされています。なお、この場合の確認記録としては、入学志願者である振込名義人の名義ならびに当該保護者等が自己の氏名と異なる名義を用いる理由を記載することになると考えられます（犯収法施行規則17条1項21号）。

ただし、一般的な入学金の納付時期以外の期間においては、原則として、

保護者等の取引時確認書類のみならず、振込名義人の取引時確認書類の提示が必要となります。

24 外為法上の注意点

Q インターネットバンキングによる海外送金において、外為法上、金融機関が注意すべき事項は何ですか。また、外為法上の支払規制の説明、規制対象取引に該当しないことの確認等はどのように行えばよいですか

A 海外送金では、外為法上の支払規制との抵触がないことを確認する必要があります。また、外為法等に基づく本人確認義務を履行する必要があります。

インターネットバンキングによる海外送金では、海外送金手続において、支払規制の内容を説明したメッセージを表示したうえで、①支払規制の内容を理解したこと、②海外送金が、当該規制に関連するものではないことの顧客の同意・確認を取得するプロセスを設けることによって、外為法上の支払規制の説明、規制対象取引に該当しないことの確認等を行うことが考えられます。

解　説

1 送金先等が経済制裁の対象でないことの確認

外為法17条は、銀行等に対し、顧客の海外送金が支払規制に抵触していないことの確認を求めています。これは、外為法16条等に定める支払規制を有効に機能させるために銀行等に課せられた義務です。本人確認義務も含め、外為法上銀行等に課せられた義務が適切に履行されているかについては、財務省の検査の対象となります（外為法68条）。

支払規制の内容を大別すると、①規制対象者に係る支払規制、②貿易に関する支払規制、③資金使途規制があります。以下では、各規制の内容・規制抵触の有無を確認するにおいて注意すべき点について概説します。なお、詳細については、財務省の「外国為替検査マニュアル」の「(別添2)資産凍結等経済制裁に関する外為法令の遵守状況に係るチェックリスト」を参照してください。また、外国為替検査不備事項指摘事例集も参考になります（http://www.mof.go.jp/international_policy/gaitame_kawase/inspection/fubijirei_index.htm）。

(1)　**規制対象者に係る支払規制**
　経済制裁等の対象となっている者（タリバーン関係者など）に対する支払規制です。規制対象者は、財務省のウェブサイトで確認することができます（「経済制裁措置及び対象者リスト」）。
　顧客の海外送金先が規制対象者でないかの確認については、原則として、送金先の氏名、住所等の情報と、規制対象者に係る情報との類似性があらかじめ一定以上の比率となる場合に、送金処理を自動的に中断するシステム（以下「自動照合システム」といいます）を構築すること等により行うべきものとされています。

(2)　**貿易に関する支払規制**
　貿易に関する規制が行われている場合に、当該規制措置に万全を期すことを目的として、貨物の輸入代金等の支払が規制されることがあります。現在、規制対象となっているのは、北朝鮮・イランからの輸入取引です。
　貨物の輸入代金に係る支払規制に抵触していないかの確認については、原則として仕向国、送金目的、輸入貨物の原産地・船積地域等の情報を把握することにより行うべきとされていますが、「貿易に関する支払規制の内容を顧客に説明し、これに対し顧客からこの規制に関連するものでない旨の申告

が行われた場合」については、当該情報の把握が行われたものとして扱うものとされています。なお、顧客からの申告情報の真偽に疑いがある場合等については、売買契約書など送金の理由となる資料の提示を求めるなどの確認作業が必要となります。

(3) 資金使途規制

特定国の特定の活動に寄与する目的に係る支払を規制するものです。現在、規制対象となっているのは、「北朝鮮の核関連計画等に貢献し得る活動に寄与する目的で行う取引又は行為に係るもの」「イランの核活動等に関連する活動又はイランへの大型通常兵器等の供給等に関連する活動に寄与する目的で行う取引又は行為に係るもの」です。

資金使途規制に抵触していないかの確認については、被仕向銀行・送金目的その他の情報を把握することにより行うべきとされていますが、こちらについても、顧客から資金使途規制に関連する送金でない旨の申告を受けることによる確認が認められています。また、顧客からの申告情報の真偽に疑いがある場合等については、売買契約書など送金の理由となる資料の提示を求めるなどの確認作業が必要となることも、貿易に関する支払規制の場合と同様です。なお、自動照合システムを導入している場合については、当該システムに資金使途規制に関連する単語を登録して、当該単語が検出された送金については上記と同様に送金の理由となる資料の提示を求めるなどの慎重な確認作業を行うことが求められています。

2 本人確認

犯収法上も、取引時に本人確認（取引時確認）が求められる場合がありますが、外為法上も本人確認義務が課せられる場合があります（外為法18条）。具体的には、海外送金については、10万円を超える海外送金が行われる場合に、本人確認が必要です。本人確認の方法や本人確認記録の保存方法等につ

いては、おおむね犯収法と同様であり、本人確認済みの顧客については、一定の要件のもとに本人確認が省略できることも同様です。

犯収法と外為法の違いについては、①犯収法では、基本的に送金原資が現金でなければ本人確認義務は生じない一方（犯収法施行令7条1項1号タ参照）、国内送金でも本人確認義務が生じますが、②外為法では、送金原資が現金であるものに限定されていない一方、本邦居住者間の国内送金については本人確認義務が生じないとの違いがあります（外為法18条1項参照）。

3　インターネットバンキングでの注意点

インターネットバンキングでも、顧客の海外送金が支払規制に抵触するものではないかを確認する必要があります。このうち、特に問題になると思われるのは、貿易に関する支払規制、資金使途規制への抵触の有無の確認作業であるため、以下これらについて説明します。

「貿易に関する支払規制の内容を顧客に説明し、これに対し顧客からこの規制に関連するものでない旨の申告が行われた場合」、原則として貿易支払・資金使途規制に抵触しない旨の確認が行われたと評価されます。インターネットバンキングは非対面取引であるため、口頭にて支払規制の内容を説明することや、規制に関連するものでない旨の申告を受けることはできませんが、たとえば、海外送金手続において、支払規制の内容を説明したメッセージを表示したうえで、①支払規制の内容を理解したこと、②海外送金が、当該規制に関連するものではないことについての顧客の同意・確認を取得するプロセスを設けることが考えられます。

もっとも、顧客からの申告情報の真偽に疑いがある場合等については、売買契約書など送金の理由となる資料の提示を求めるなどの確認作業がインターネットバンキングにおいても必要です。また、一連の海外送金手続が自動的に処理されるシステムとなっている場合については、顧客からの申告情報の真偽に疑いがある場合等に送金手続が自動的に中断する仕組みを備える

必要があると考えられます。

では、継続的に送金が行われる場合等、送金のたびに当該確認作業を行うことが困難である場合はどうすればよいでしょうか。この場合は、顧客に事前に送金先・送金目的を登録させたうえで、以下の条件を満たすならば、その都度の確認は不要となると考えられます。(a)事前登録の際に、顧客に対し支払規制の内容を説明し、顧客から規制対象の送金でないことを確認するための情報（輸入代金の支払であれば商品名、原産地、船積地域等）を把握する、(b)1回当りの送金限度額、1人の顧客が行う月間・年間の送金限度額を金融機関にてあらかじめ設定しておき、それぞれの限度額を超えるような送金を検出できるようモニタリングの体制を構築し、異例な送金が顕出された場合には、あらためて必要情報を把握するものとする、(c)新たな支払規制が講じられた場合で、事前登録時に把握している情報から当該規制への抵触が判断できない場合は、あらためて必要情報（輸入代金の支払であれば商品名、原産地、船積地域等）を把握するものとする、ということです。

(b)の限度額については、顧客一律にある程度低額に設定して、限度額を超える送金については支払規制への抵触の有無を個別に電話にて確認するとの運用にする一方、顧客ごとに増枠の申出があれば別途の対応を検討し、増枠額が大きい場合には、送金理由を示す資料等を徴求する運用にすることも考えられます。

25　為替予約

Q インターネットバンキングで為替予約を取り扱う場合のメリットと、注意点はどのようなものですか

A 従来、為替予約は、電話手続によって成約することが多かったため、インターネットバンキングで取り扱うことにより、金融機関・顧客双方の事務負担の軽減、時間的なロスの回避、取引内容確認書類（コントラクトスリップ）の受渡しの省略などにおいてメリットが見込まれます。

しかし、インターネットバンキングでの取扱いでは、取引規定に対する顧客同意の取得、顧客による誤入力の防止、顧客からの契約変更等への対応、顧客に対する担保の徴求など、従来の電話手続とは異なる注意が必要です。

解説

1　為替予約

為替予約とは、一般に、為替の売買当事者間で通貨種類、金額、為替相場、受渡期日（等）の条件をあらかじめ決定し、この条件に基づいて受渡期日（期間）に為替の受渡しを行うことを相互に契約することをいいます。

為替予約は、為替そのものの売買なのか、将来実行されることになる為替売買の予約であるのかについては法的な議論がありますが、為替予約を取り扱う金融機関では、約定で、為替そのものの売買であることを明確にして取り扱うことが多いといえます。

2　一般的な注意点

(1)　与信行為としての注意点

　為替予約は、金融機関にとって与信行為であり、先物外国為替取引約定書をもとに行われます。約定書では、①自己責任の原則に基づいて顧客がリスクを負担していること、②為替予約の締結がその先物取引に係る輸出手形の買取や輸入信用状の発行までを約束したものではないこと、③為替予約は必ず期日に履行するものであること、④解約・期日の変更に伴う手数料・費用は顧客が負担すること、⑤債務不履行による損害等を顧客が負担すること、⑥締結した為替予約の譲渡・質入れの禁止などを定め、与信の確実性を高める手当が施されています。

(2)　成約手続上の注意点

　個々の為替予約を成約させるにあたっては、その時々の実勢為替相場や金利といった市況環境が刻一刻と変動するため、インターネットバンキングによる為替予約が利用される前から現在に至るまで、窓口での対面取引よりもむしろ電話によって手続が行われることが多いのが特徴的です。

　電話手続上の注意点は、金融機関・顧客相互の担当者を定めて明確化しておくこと、成約前に契約内容の確認を相互に慎重に行うこと、成約後においても、取引内容確認書類（コントラクトスリップ）の受渡しにより、為替予約の成立・内容の確認を遅滞なく行うことや、成約の前後を通して金融機関での担当部内での連絡を正確かつ迅速にとることなどがあげられます。

3　インターネットバンキングのメリット

　従来の電話手続の場合、顧客と金融機関の担当者が電話で為替相場を確認したうえで取引を行うので、双方に相当な事務負担が生じることになります。また、相場急変時には注文が殺到して顧客から金融機関への電話がつな

がりにくい、顧客としては成約が完了するまで常に電話に向かっていなければならないなど、時間的なロスも軽視できません。また、成約後も、取引内容確認書類を金融機関と顧客との間で物理的に授受する必要があるうえに、顧客は、紙面として発行された取引内容確認書類では取引履歴や為替予約の残高などの情報を社内で共有・管理しにくいという問題もありました。

　これに対し、インターネットバンキングで為替予約を取り扱うことにより、電話手続で生じる金融機関・顧客双方の事務負担を相当軽減することができます。また、相場急変時に電話がつながりにくい、成約するまでに時間がかかるといった時間的なロスの解消を見込むことができますし、成約内容についても、パソコン上の画面で予約内容を確認できるため、物理的な取引内容確認書類の授受を必要としないうえ、顧客内部での情報共有・管理の効率化も期待できます。

　また、申込みを受ける金融機関の事務負担の軽減の結果として、取扱手数料を低減・無償化する金融機関が多いこと（低コスト化）も見逃せません。

4　注意点

　インターネットバンキングが利用される前から、為替予約は、窓口での対面取引によるのではなく、非対面取引の一種である電話手続によって主として取り扱われてきました。したがって、従来窓口で行われてきた他の銀行取引と比べると、インターネットバンキングで取り扱うことに伴う問題点は相対的に少ないといえます。

　もっとも、インターネットバンキングで取り扱うことに伴う問題点がないわけではなく、また、インターネットバンキングにより必ずしも解決されていない問題点もあるため、注意が必要です。

(1)　先物外国為替取引約定書に代わる規定に対する顧客の同意

　インターネットバンキングで為替予約を取り扱う場合にも、申込み時に、

先物外国為替取引約定書をもとに行うことは考えられます。

　もっとも、ウェブサイトでの為替予約のサービス開始の申込みを認めようとする場合には、顧客の同意プロセスを別途確保することが必要となります。

　いろいろな方法が考えられますが、たとえば、ウェブサイトでの申込手続に、同意を取得すべき規定を表示し、これに対して同意した場合にのみ申込みを完了することができるようにすることなども一案でしょう。ただし、このような場合には、為替予約が与信取引であることや顧客の自己責任として行われるものであることについての顧客の理解度の確認を慎重に行う必要があります（たとえば、大きく見やすく画面上に表示するなど）。また、サービス利用開始後においても、利用画面ないし金融機関のウェブサイトから顧客が同意した規定の内容を認識できるような手当をとることも重要といえます。

(2)　誤入力の防止

　インターネットバンキングでの取引条件の決定は、口頭で取引条件が連絡される電話手続と異なり、顧客自身が取引条件を入力・視認して確定させるので、双方の意思疎通の不備を回避することができます。しかし、金融機関の個々の担当者の認識を経ないことにより、たとえば、当該顧客との間である程度の取引経験がある担当者であれば気づく可能性のあるような誤った取引条件の入力（たとえば、取引量や期間について桁が異なって入力されるなど）があった場合の対応等には、注意が必要です。法的には顧客の「錯誤」（民法95条）が認められるケースも想定されますので、そのような誤入力を防止するような適切な措置を整備するとともに、金融機関の免責事由の定め方や顧客からの撤回申入対応についても、十分に検討する必要があるでしょう。

(3)　契約変更等への対応

　為替予約は与信行為であり、その期日管理を徹底し、期日における顧客自身による履行を原則とすべきであり、みだりに予約の解約、延長その他の変

更、予約の譲渡などに応じるべきではありません。

　インターネットバンキングで為替予約を取り扱っている場合、電話手続や対面取引と比べて、為替予約においては予約の解約、延長その他の変更、予約の譲渡などが認められないことについての顧客の認識が十分ではない可能性も否定できません。そのため、成約手続の画面上において明確に注意喚起するなどして十分な認識をもたせるよう努め、成約後の安易な予約の解約、延長その他の変更、譲渡などに応じずにすむように、また、そのような申出ができるだけなされないように注意する必要があるでしょう。

(4) 担保の受入れ

　為替予約は与信行為であり、為替リスクを負担することを回避しようとする顧客が締結するものであって、前述のとおり、成約後の安易な取消し、延長、譲渡などに応じるべきではないものの、顧客の個別の事情によっては、顧客が反対取引によって当該為替予約を清算できることを条件として、こうした顧客からの要請に応じる場合もあります。

　そして、法人顧客の場合には、与信を補完するために担保を受け入れ、取消等に応じることを考える必要もあり得るものと思われます。この場合、一般に、カバーすべき担保の程度を決定する必要があるとともに、インターネットバンキングにおいても、どのように担保を受け入れるかは検討する必要があるでしょう。

(5) 差金決済の場合

　差金決済により為替予約を行う場合、店頭デリバティブ取引に該当し、金商法が適用される（金商法2条20項、22項）ので、行為規制等金商法の観点からの注意が必要です。

V

融　資

26 インターネットバンキングでの融資取引

Q インターネット上での手続により融資取引が行われる場合の金融機関による意思確認・説明義務の履行方法・注意点は何ですか

A インターネットバンキングによる融資取引は非対面取引なので、金融機関は、対面取引における意思確認手続や契約内容の説明手続をインターネット上でシステムを構築することによって代替しなければなりません。約款等の内容を理解したことを確認するために、申込者が画面をスクロールさせて契約内容のすべてを表示したあとでなければ契約内容を確認した旨のチェックボックスがアクティブにならず、融資手続を進めることができない仕組みを設けることや、顧客が契約内容を理解しやすくするため、説明事項の見やすさ（画面構成、フォントの大きさ・種類・色等）に配慮することなどが考えられます。

解　説

1 融資取引における意思確認

　インターネット上での融資取引も、主に金銭消費貸借契約とこれに伴う保証委託契約からなり、有効に契約が成立するためには、顧客が契約内容を認識して契約を締結する意思（借入意思）を有していることが必要です。しかし、インターネットによる融資取引で通常想定される申込者である消費者や自営業者は、必ずしも融資取引に関して十分な理解力と情報を有しているとは限らないので、金融機関は、融資実行に際して慎重に申込者の借入意思の

確認をする必要があります。

監督指針では、金融機関は、原則として、契約の内容を申込者に対して説明し、借入意思があることを確認したうえで、行員の面前で、契約者本人から契約書に自署・押印を受けることが求められています（主要行監督指針Ⅲ－3－3－1－2(2)③、中小地域監督指針Ⅱ－3－2－1－2(2)③）。しかし、インターネットバンキングによる融資取引は非対面取引ですので、その特性を踏まえて、顧客保護に欠けることがないよう注意しながら、対面取引における意思確認手続に代わるシステムをインターネット上で構築しなければなりません。

たとえば、契約極度額に応じて借入利率が変わる融資取引の場合、申込者の信用状況を審査した結果、申込者の希望する極度額に満たず、申込者が想定していた条件で極度額・借入利率の設定を行えないことがあるため、希望する条件では借入れをすることができない可能性があることを申込者が十分に理解できるように明示して、誤解を生じさせないよう注意する必要があります。

具体的には、契約内容を定める約款等をインターネットのサイト上に表示し、その内容を理解したことをチェックボックスなどによって確認できなければ手続が進まない仕組みや、契約内容を確認してもらうことを担保するために申込者が表示画面をスクロールさせて全画面を閲覧しなければ確認した旨のチェックボックスがアクティブにならない仕組みを設けることが望ましいといえます。そのほかにも約款等に使用するフォントを顧客が読みやすい大きさにするなど契約内容の理解を容易にする画面構成を採用するなどの対応が考えられます。

事後の手続では、監督指針において、顧客が契約内容をいつでも確認できるよう契約書等の書面の交付等が求められていることから、インターネットバンキングによる融資取引においても契約書の写しをダウンロード可能な状態とし、そのうえで別途写しを郵送するといった対応などをとる必要があり

ます（主要行監督指針Ⅲ－3－3－1－2(2)③④、中小地域監督指針Ⅱ－3－2－1－2(2)④）。このような手続で、極度額が設定される融資についても、申込者に対して実際に設定された極度額と適用される借入利率を示すことが可能となり、申込者が想定してない条件で借入れを実行してしまうことを避けることができます。

❷ 融資取引における説明義務の履行

　融資取引は金融機関と顧客との契約であり、本来であれば顧客の自己責任に基づいて締結されるべきです。しかし、両者の間には契約内容に関する情報量等に大きな格差が存在することから、金融機関は、銀行法上、顧客の知識・経験・財産の状況・取引を行う目的を踏まえて重要な事項について顧客に対して説明する義務を負い（銀行法12条の2第2項、銀行法施行規則13条の7）、また私法上も信義則を根拠に契約内容の重要な点について適切な方法によって説明すべき義務を負うとされています。これは非対面取引であっても同様です（金融電子取引・監督行政報告18頁）。なお、景表法・銀行業における表示に関する公正競争規約に従って、適切な表示を行う必要があります。

　この点、インターネット上での融資取引ではデリバティブ取引を内包するような複雑な契約は通常想定されないものの、非対面取引では原則として顧客との双方向のコミュニケーションが存在せず、顧客の融資取引に対する知識や経験を判断することがむずかしいため、まったく銀行取引を行ったことがないような顧客からの申込みを想定してシステムを構築する必要があります。

　具体的には、契約内容の記載は平易な文章による理解しやすい説明をこころがけ、画面構成も重要な契約条項を認識しやすいものとし、また契約内容を理解したことをチェックボックスにより確認するなどの対応をとることが考えられます。また、インターネットを通じて金融商品取引行為を行う場合

の留意点に関する金商業等監督指針を参考とすることも有用であるといえます（金商業等監督指針Ⅷ－1、Ⅲ－2－3－4(1)④）。

　なお、金額が多額になり、担保の徴求手続などが含まれる住宅ローンではインターネット上のやりとりに加えて、書類の授受や電話での受答えが含まれることが一般的ですので、必ずしもインターネット上で説明義務の履行を完結させる必要はないといえますが、その際には、住宅ローン固有の重要事項（変動金利型・一定期間固定金利型住宅ローンについての金利変動リスク等）について、インターネット上での説明に加えて、口頭等で説明を要する場合があることに注意が必要です。

　また、近時ではインターネットへのアクセス方法は多様化しており、従来のパソコン経由によるものに加え、スマートフォンやタブレット端末から接続させることも想定しなければなりません。そのため、金融機関では、それぞれのアクセス経路に対応した画面上における説明事項の見やすさ（画面構成、フォントの大きさ・種類・色等）を確認するとともに、新たなデバイスへ対応するなど、システムを継続的に見直していく必要があります。

　さらに、監督指針は、顧客から説明を求められた場合、事後の紛争等を未然に防止するため、契約締結の客観的合理的理由についても、顧客の知識・経験等に応じ、その理解と納得を得ることを目的とした説明を行う態勢をとることを求めているため（主要行監督指針Ⅲ－3－3－1－2(2)②、中小地域監督指針Ⅱ－3－2－1－2(2)②）、インターネット上の説明・情報提供に加えて、電話による問合せ対応も顧客に理解・納得を得られるよう注意する必要があります。

27 インターネットバンキングでの融資と高齢者等

Q インターネット上で高齢者や障がい者との間で取引を行う場合の金融機関の顧客対応・注意点は何ですか

A 高齢者が理解しやすいよう、画面上に表示される説明事項の見やすさに工夫をし、必要に応じて、電話等により意思能力の有無・程度、融資意思などを確認するという体制が金融機関にて整備されていることが望ましいでしょう。また、年齢を考慮した返済期間等の制限がなされるよう設定しておく必要があると考えられます。

障がい者については、インターネット上での手続を行うためのサポート体制をとることが望ましいでしょう。

解説

1 高齢者との取引

融資取引に限らず、金融機関が高齢者との間の取引において最も注意しなければならないことの一つとして、当該高齢者の意思能力の有無・程度があげられます。

意思能力とは、自己の行為の結果を弁識するに足りる精神的な能力です。民法その他の法令において、有効な行為をなすために意思能力が必要であるとの定めはありませんが、判例においては、意思能力を欠く人の意思表示は無効であるとされています。

したがって、金融機関が高齢者と取引を行う場合には、まず、意思能力に問題がないかという点に注意が必要となります。

また、意思能力には差し当たり問題ないとしても、加齢による理解力等の衰えから、取引の内容等の理解に困難を伴う場合がありますので、説明に際しては細心の注意が必要となります。金融機関には顧客との取引に際して説明義務が課せられており、また、顧客の知識、経験、財産の状況や融資取引の類型に応じた説明を行う態勢の整備が求められていることから（銀行法12条の2第2項、銀行法施行規則13条の7、主要行監督指針Ⅲ－3－3－1、中小地域監督指針Ⅱ－3－2－1）、当該高齢者の理解力等に応じた対応が求められます。

2　高齢者の意思能力等への注意

　インターネットバンキングでの取引では、行職員が面前で、融資取引を行おうとしている高齢者の意思能力の有無・程度を判断したり、高齢者の判断能力等に応じた説明を行ったりすることは必ずしも想定されていません。

　そのかわり、金融機関としては、まず、加齢により理解力が低下しがちな高齢者であっても理解しやすく、また、誤認が生じないよう、画面構成、フォントの大きさ・種類・色等を工夫し、画面上に表示される説明事項の見やすさを継続的に見直していくべきでしょう。そのうえで、審査の途中において、高齢者の意思能力に疑問が生じるような事情がうかがわれる場合に、電話等により、意思能力の有無・程度、融資意思などを確認する体制が整備されていれば望ましいといえるでしょう。

　また、高齢者とのインターネットバンキングによる取引では、実質的な利用者が高齢者ではなく、その同居親族等である可能性も否定できません。たとえば、高齢者による申込みで融資の極度額が設定された後、実際に借入れが行われた場合には、本当に高齢者本人が利用しているのかどうか、電話等で連絡をとって確認を行うことも考えられます。融資取引だけでなく、インターネットバンキングで預金口座からの送金や金融商品の取引申込みがあった場合にも、同様に対応することが考えられます。

3 高齢者向けの投資勧誘・販売ルールの整備状況

　高齢化の進展、高齢者取引に関する苦情・あっせん事例の増加の一方で、金融機関における高齢者への対応・取組みにはバラツキがみられます。

　そこで、日証協は、2013年10月29日に、高齢顧客への勧誘による販売に関し、「協会員の投資勧誘、顧客管理等に関する規則」等を一部改正し、「協会員の投資勧誘、顧客管理等に関する規則第5条の3の考え方」（高齢顧客への勧誘による販売に係るガイドライン）を制定し、これらを同年12月16日から施行しています。また、金融庁は、同日、このような日証協の自主規制規則を踏まえた態勢整備を金商業等監督指針に盛り込む改正を行っています。今後、金融商品取引以外の融資取引等にも、同様のルールが策定される可能性もあるので、ガイドライン等の内容を紹介します（インターネット取引は顧客自身がIDやパスワードを入力してログインするとともに、銘柄・数量・金額を入力して行うものであるため、「勧誘による販売」に該当する行為がなされない限り、当該ガイドラインの適用対象にはならないと考えられています）。

　まず、日証協の協会員は、社内規則において高齢顧客の定義を規定することが求められています。ここでは、75歳以上を目安として高齢顧客を定義し、より慎重な勧誘による販売を行う必要がある顧客を80歳以上の顧客とするとの考え方が示されています。

　次に、日証協の協会員は、販売対象となる有価証券を適切に選定することが求められています。高齢顧客への勧誘に際し、役席者による事前承認なしに勧誘可能な商品と、それ以外の商品（勧誘留意商品）の範囲を選定し、勧誘留意商品の勧誘を行う場合には、役席者の事前承認を得る等、所定の手続や条件を定めて慎重に対応する必要があるとされています。役席者による事前承認にあたっては、役席者自らが高齢顧客と面談（電話を含む）することにより、健康状態や理解力等を確認し、勧誘の適正性を判断したうえで行うことが求められます。

さらに、トラブルを回避するために、勧誘時の応接内容や役席者による面談の内容を適宜録音・記録・保存し、それらをモニタリングに活用することも提案されています。

4　年齢と返済期限

　非対面であるがゆえに、新規借入時にすでに高齢であるにもかかわらず、満期時に返済を見込むことが現実的ではないような返済期間が設定される可能性が考えられます。このような返済期間の設定がなされないよう、金融機関は新規借入時の年齢と満期時の最大年齢を考慮して、返済期間に応じて契約可能な年齢が設定されるようシステム上対応する必要があるでしょう。

　また、追加借入れが行える年齢を超過してしまった顧客には、借入残高がゼロになった場合、特段の理由がない限り、顧客にとって極度額が設定されたローン契約を維持するメリットはないため、金融機関から解約を促すといった対応をとることが考えられます。

5　障がい者とのインターネット上での融資取引

　視覚障がい者が顧客である場合には、インターネット上で手続が行えるよう、電話によりオペレーターが誘導し、必要な説明を行うことが考えられます。この場合、オペレーターが、インターネット上の記載に依存しすぎることなく、かつ、インターネット上に記載されている情報と同様の情報を電話でも説明できるよう、研修等を行うことが重要となります。また、色覚に障がいをもつ顧客に、たとえば「赤いボタンを」という説明をしても伝わらない可能性がありますので、金融機関が障がいの特性に応じてわかりやすい説明ができるようなマニュアルを作成することも考えられます。

　自筆困難者との融資取引でも、融資という取引の性質上、親族にも知られたくないという顧客の思いに配慮し、極力、自力で借入手続が完結できるような仕組みにすることが望ましいといえるでしょう。

28 インターネットバンキングでの代理人との融資取引

Q 法定代理人（親権者、成年後見人等）・任意代理人から融資の申込みがされたときの注意点は何ですか。また、金融機関は代理人がインターネット上で融資の申込みを行うことを認めるべきですか

A 金融機関が、法定代理人・任意代理人による融資の申込みを受けた場合、申込者に代理権があることを証する書面や申込者の本人確認資料を受領したうえで手続を行う必要があり、また、別途本人の意思確認等が必要となる場合も多いと考えられます。しかし、インターネット上での融資の申込みの場合は、窓口での申込みとは異なり当該対応をとることが困難な場合も多いので、金融機関は代理人がインターネット上で融資の申込みを行うことを認めないという対応が考えられます。

解　説

❶ 代理人による融資取引

(1) 必要書類

　法定代理人（親権者、成年後見人等）・本人から代理権を授与された任意代理人は、本人のために融資取引をすることができます。もっとも、金融機関としては、代理人として行動している者が、真実本人のために融資取引をすることができる代理権を有しているのかについて確認をしなければならないので、代理人として行動している者に対し、代理権を証する書面（親権者であれば住民票等、成年後見人であれば成年後見に係る登記事項証明書等、任意代

理人であれば委任状等）の提出を求める必要があります。また、代理人による融資取引の場合、犯収法上、申込者本人に加えて代理人の本人確認も必要となる（犯収法4条4項）ため、代理人の本人確認資料の提出も求める必要があります。

(2) 代理人取引固有の問題点

たとえば申込者本人が高齢者であるときに、その親族が本人の代理人として借入れを行おうとしているような場合、委任状等があるとしても、真実本人から代理権を授与されているのか等について疑念が生じやすいので、別途本人の意思確認を行うことが多いと考えられます。また、法定代理人であるなど特に代理権の存在には疑念がない場合であっても、借入れに係る面談等を通じて、たとえば当該法定代理人が融資金の私的な使い込みを企図していると疑われる点があった場合については、事後的なトラブルを避けるべく融資を避けるとの判断をすべきこともあると考えられます。

2 インターネット上での代理人による融資取引の問題点

インターネットバンキングにおける融資取引は、インターネットバンキングに対応した口座を開設済みの顧客であれば、インターネットバンキングサービスを提供するウェブサイトにログインしたうえで、ウェブサイトで申込みを行うことによって行われることが多いと考えられます。そして、とりわけ消費性ローンの場合については、インターネット上で申込みが完結し、審査を通過すれば、顧客の口座に融資金を振り替えることによって融資を行うのが一般的で、通常のケースであれば書類の授受や担当者との面談等が行われる機会はないと考えられます。

そのため、インターネット上で代理人による融資の申込みを認める場合、金融機関が代理権の確認や本人確認（口座開設時には口座名義人の本人確認しか行っていないため、代理人の本人確認を別途行う必要があります）をどのよう

に行うべきかという問題が生じます。インターネット上では金融機関が当該確認を行うことは困難と考えられるため、別途確書類を郵送してもらう等の対応が必要となるでしょう。また、代理人による融資取引の場合、上記のとおり本人の意思確認や申込者との面談等をしたほうが望ましいことも多いですが、インターネット上での申込みではこのような機会が存在しません。

　したがって、インターネット上での融資申込みは、代理人によることになじまず、規約上は口座名義人以外の者からの申込みは認めないようにしたほうがよいと考えられます（実際にもそうしている例が多いと考えられます）。そして、店舗を有する金融機関であれば、代理人からの融資の申込みがあった場合については、店舗で手続を行うよう誘導すればよいと考えられます。

　一方、インターネット専業銀行の場合は、原則として代理人による融資の申込みは認めないとの対応をとらざるをえないことも多いと考えられます。どうしても当該申込みを認めざるをえないという場合は、金融機関には代理権を証する書類や本人確認書類を郵送してもらい、かつ、本人に対し電話や書面にて資金使途等を確認することを通じて、本人に借入れの意思があるか確認するなど、慎重な対応を行うことが求められるでしょう。

29 ▶ でんさいと銀行取引

Q でんさいを利用した銀行取引として、どのようなものが考えられますか

A でんさいを利用した銀行取引には、でんさい割引、でんさい貸付、でんさい担保などがあり、また、でんさいを一括ファクタリングの代替手段とすることも考えられます。

こうした銀行取引を行うためには、でんさいネット・窓口金融機関との間で利用契約を締結するほか、でんさいを利用した与信業務に対応した改訂版の銀行取引約定書等を締結する必要があります。

解　説

1 でんさいと銀行取引

2013年2月に運用が開始された「でんさいネット」は、全銀協が設立した電子債権記録機関である株式会社全銀電子債権ネットワーク、あるいは、同社によって構築される電子記録債権の決済システムを指し、でんさいネットが取り扱う電子記録債権を「でんさい」と呼称します。

でんさいの利用は、その性質上、各行のインターネットバンキング等を介して行われます。

電子記録債権法により創設された電子記録債権は、手形や売掛債権等に代わる決済手段として導入された経緯から、手形類似の性質を有した「電子手形」としての役割が期待されており、でんさいは、銀行取引のなかで、手形と同様に活用されています。

(1) でんさい割引

　手形割引は、企業の資金調達の手段として、現在においても活用されていますが、各行においては、これと同様のでんさい割引の制度が用意されています。

　でんさい割引においても、手形割引の場合と同様、支払不能となった場合等の割引依頼人の買戻義務や割引対象の電子記録債権の担保化などの定めを設けることが予定されているため、でんさい割引の申込みを行う者は、でんさい割引に関する約定書のほか、でんさいに対応した新たな銀行取引約定書の締結（または既存の銀行取引約定書からの変更契約の締結）を求められることになります。

(2) でんさい貸付

　でんさい貸付とは、手形貸付に対応する与信手段であり、銀行を債権者、借入人を債務者とするでんさいを発生させることにより、銀行が貸付を行うものです。

(3) でんさい担保

　融資取引あるいはこれを含む銀行取引の担保として、債務者・物上保証人が保有している手形を拠出することがありますが、でんさいも同様に担保（譲渡担保）として拠出されることが想定されています。

　この場合、債務者・物上保証人は、銀行に対して、担保として拠出されたでんさいの処分等の取扱いを内容とするでんさい担保に関する約定書の差入れを求められることが多いでしょう。

(4) 一括ファクタリングの代替

　一括ファクタリングは、仕入先企業が支払企業に対して有する売掛債権を銀行に譲渡したのち、支払企業から売掛金の期日払いを受けた銀行が仕入先

企業に売掛金相当額を譲渡代金として支払うといった決済サービスの一つです（ただし、当該スキームは一例です）。

　でんさいを活用すれば、仕入先企業と支払企業の間の売買取引に応じて、仕入先企業を債権者、支払企業を債務者とするでんさいを発生させることにより、売掛債権を譲渡することなく、でんさいネットを通じて自動的に売掛金の期日払いが行われることになり、支払企業は決済コストを削減できますし、仕入先企業は当該でんさいを割引等して期日前に資金を調達することができます。

❷　でんさいを利用した銀行取引に必要な約定

　でんさいを利用した銀行取引を行う場合には、利用者は種々の約定を交わす必要があります。

(1)　でんさい利用契約

　でんさいを利用した銀行取引を行う大前提として、でんさいの利用に係る契約を締結する必要があります。

　具体的には、まず、窓口となる参加金融機関において、当該金融機関の口座をでんさいの決済口座として指定して、利用申込みを行い、当該金融機関・でんさいネットでの審査を経て利用者として登録されます。この手続により、利用者・窓口金融機関・でんさいネットの三者間において利用契約が成立することになります。利用者は、でんさいネットが定める業務規程および業務規程細則ならびに窓口金融機関が定める利用規定等に従い、でんさいを利用することができます。

(2)　銀行取引約定書等

　利用者は、でんさいを利用した与信業務に対応した改訂版の銀行取引約定書や、前述のでんさい割引・でんさい担保に関する約定を締結する必要があ

ります。

　主な改訂条項・新設条項としては、でんさいの支払不能やでんさいネットの取引停止処分があった場合の期限の利益喪失条項、割引でんさいの買戻条項、いわゆる回りでんさいに係る債権を根抵当権の被担保債権に含めるための条項などがあります。

　　［でんさいネットの取引イメージ］

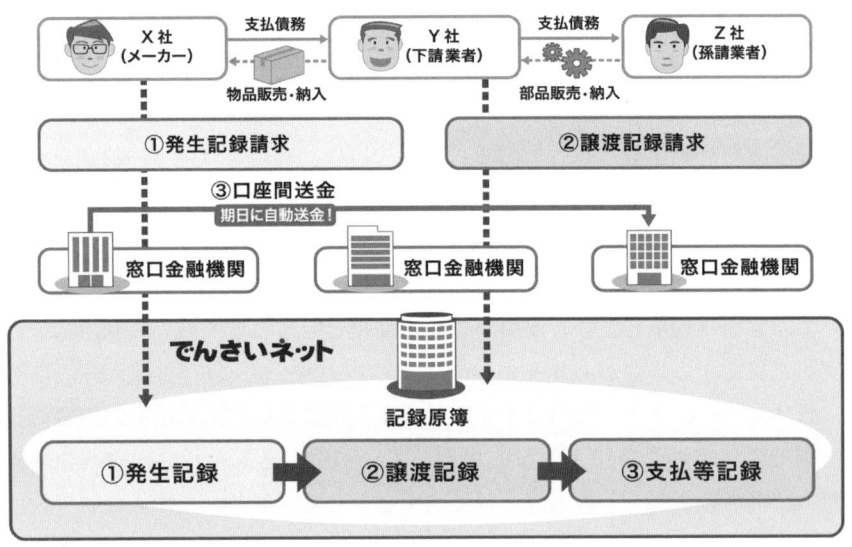

（出典）　でんさいネットのパンフレット「でんさいネットの仕組みと実務」8頁Ⅱ-4

30 与信業務におけるでんさいネットの利用手続

Q 与信業務でのでんさいネットの利用手続はどのような流れですか

A でんさい割引、でんさい貸付、でんさい担保といった与信取引に係る業務においては、利用者が窓口金融機関を経由してでんさいネットにアクセスし、でんさいの発生記録、譲渡記録等の請求を行うことにより、割引や貸付が行われます。

解　説

1　でんさいと与信業務

でんさいを利用した与信取引には、でんさい割引、でんさい貸付、でんさい担保があります。

これらの取引を行う場合には、でんさい利用のための利用契約が締結されていることを前提として、金融機関は、新規顧客からは改訂した銀行取引約定書を徴求し、既存顧客からは銀行取引約定書の変更契約書を徴求する必要があるほか、でんさい割引やでんさい担保に関する約定書を別途徴求することも考えられます。

また、でんさいの利用が、窓口金融機関のインターネットバンキング・システムを介して行われる場合には、インターネットバンキングの利用に係る手続もあわせて求められるでしょう。

2 でんさいネットにおける手続の流れ

でんさいを利用する場合、利用者は必ず窓口金融機関（インターネットバンキング等）を経由してでんさいネットにアクセスする（間接アクセス方式）必要があります。

でんさいの発生や譲渡等は、でんさいネットが作成する記録原簿に電子的な記録をすることにより行われます。

(1) でんさい割引

顧客が金融機関にでんさいの割引を依頼する場合、割引に係る申込書を差し入れた後、でんさいネットにアクセスし、割引でんさいについて、譲渡記録・保証記録の請求を行います。

顧客が保有している割引でんさいは、でんさいネットの記録原簿に電子的な記録がなされて存在しているので、記録原簿に譲渡記録を行うことにより、当該でんさいが譲渡されることになります。でんさいネットでは、譲渡記録時には原則として保証記録を伴いますので、顧客は、割引のために金融機関にでんさいを譲渡するとともに、当該でんさいに係る債務を保証することになります。そのため、でんさいの譲渡は、手形における裏書譲渡と同様の機能を有しているといえます。

また、でんさいは、手形と異なり、分割することが可能ですので、譲渡記録とあわせて分割記録の請求を行うことで、でんさいの債権額のうち必要な金額のみの割引を受けるという効率的な資金調達を行うことができます。

なお、割り引かれたでんさいの債務者について期限の利益喪失事由が生じたときや、当該債務者が期日に支払を行わなかった場合などには、顧客は、銀行取引約定書に従い、当該でんさいの買戻しを求められます。この場合、金融機関は、当該でんさいについて顧客を譲受人とする譲渡記録（例外的に、保証記録は伴わない）、あるいは、割引の際の譲渡記録を削除する旨の変

更記録を請求することになります。

(2) でんさい貸付

　顧客は、でんさい貸付に係る融資申込みをし、審査を経たうえで、窓口金融機関（通常は融資申込みをする金融機関）を経由してでんさいネットにアクセスし、金融機関を債権者、自己を債務者とするでんさいの発生記録を請求します。当該発生記録には、債権額や債権者・債務者の情報のほか、支払期日などを記録する必要があります。ただし、でんさいにおいては、支払方法を分割払いとすることはできません（でんさいネットにおいては、分割払いとする旨の記録が行えません）。

(3) でんさい担保

　でんさいを担保に供する場合は、通常、譲渡担保で行います（でんさいネットは質権設定記録の取扱いを行っていません）。したがって、でんさいを担保として提供する場合、担保設定者は、当該でんさいについて、金融機関に対する譲渡記録（保証記録を伴う）の請求を行うことになります。割引の場合と同様、でんさいを分割して一部のみを譲渡することも可能です。

　担保が解除される場合には、金融機関は、保証記録を付さない譲渡記録を行うことにより、当該でんさいを担保設定者に返還します。

コラム

海外における先進的なインターネットバンキング・サービス

　米国のインターネットバンキングでは充実したサービスが提供されています。

　たとえば、個人利用者向けのサービスとして、PFM（Personal Financial Management）と呼ばれる資金管理サービスがあります。Citibankでは、図やグラフを用いて一定期間における入出金管理や支出管理を行うことや、都市や年代を指定して利用者自身と同じような人間の毎月の支出状況（どの項目にどの程度の支出をしているか）を調べることができるPFMサービスを提供しています。Wells Fargoは、今後30日間の残高予想を行うPFMサービスを提供しています。

　JP Morgan Chaseは、中小企業（主に零細企業・個人事業主）を対象に、従業員によるコーポレートカードの使用を前提としたレシート管理を行うサービスを提供しており、Wells FargoやBank of Americaも、中小企業向けのポータルサイトを開設し、経営者に対して金融に関する教育コンテンツを提供しています。このようなサービスは、これら大手金融機関の店舗において個別に対応することが困難な多数の中小企業を、顧客として囲い込むことに主眼があると考えられます。

　また、2013年に開業したインターネット専業銀行であるMovenは、NFC（Near Field Communication）対応のスマートフォンでの利用を前提として、口座入出金やVisa・MasterCardの決済サービスを提供しています。

　日本においては、近時、資金決済法に基づく資金移動業者の参入により、銀行の固有業務（特に為替取引）の分野でも競合が生じていることから、このような海外の先進的な取組みを参考に、インターネットバンキングのサービスをさらに拡充し、他社との差異化を図ることは、顧客の維持・新規獲得に資するものと考えられます。

VI

登録金融機関業務・保険募集業務

31 広告規制

Q 金融機関が登録金融機関業務としてインターネットや電子メールによって広告を行う場合、どのような点に注意すべきですか

A 金融機関が登録金融機関業務としてインターネットでバナー広告やテキスト広告等を行う場合には、金商法上の必要的表示事項が列挙されている別のページとの間に広告としての一体性が認められることが必要であるため、別のページへ容易にアクセスできるような工夫が必要です。

　第三者によるソーシャルメディア上のコメント等やアフィリエイト広告については、原則として広告規制の対象外と考えられます。もっとも、広告の内容等について金融商品取引業者等の実質的な関与等が認められるような場合には、広告規制の対象となる可能性があります。

　金融機関の電子メールによるメッセージ配信については、主要部分以外の事項をカスタマイズしただけでは、広告規制の対象からは除外されませんが、顧客ごとにカスタマイズされたメッセージであれば、勧誘に該当する可能性はあるものの、広告規制の対象外であると考えられます。

解　説

1 広告規制の概要

　金融機関が広告を行う場合、特に有価証券の取引などを行う登録金融機関業務（金商法33条参照）との関係で注意が必要です。金融商品取引業者等（金融商品取引業者・登録金融機関を指します（金商法34条））が金融商品取引業の

内容について広告等を行う場合には、当該金融商品取引業者等の商号・登録番号、顧客が支払うべき手数料等、リスク情報等の一定の事項（必要的表示事項）を表示しなければなりません（金商法37条１項、金商法施行令16条、金商業等府令76条）。

また、これらの必要的表示事項の表示方法については、金商業等府令が詳細な規定を定めています。

2　インターネット、電子メールによる広告に関する特有の問題

一般的に「広告」とは、随時・継続してある事項を広く（宣伝の意味を含めて）一般に知らせることを指すと解され（金商法政省令パブコメ回答227頁14番）、インターネットによる情報提供も、金商法上の「広告」に含まれると解されています（金商法政省令パブコメ回答227頁15番、16番）。また、電子メールによる情報提供も、広告類似行為として、金商法に基づく広告規制の対象となりえます（金商業等府令72条）。

そして、広告の媒体がインターネットや電子メールである場合には特有の論点が幾つか存在することから、本項では、これらの主な論点について検討することにします。

(1)　インターネット広告の表示事項

インターネット広告においても、原則として、金商法上の必要的表示事項はすべて表示する必要があり、この点については書面広告と異なるものではありません。

しかし、テレビCMやラジオCMをインターネット上の動画等で表示することにより広告を行う場合には、これらの広告媒体の特性から、必要的表示事項のすべてを表示することは実際には困難を伴うため、①金融商品取引業者等の商号・登録番号、②金融商品取引業者等である旨、③元本損失・元本超過損が生じるおそれがある旨、④契約締結前交付書面等の内容を十分に読

むべき旨のみを表示すれば足り、手数料や詳細なリスク情報の表示は省略できます（金商法施行令16条2項、金商業等府令77条1項2号）。

(2) バナー広告、テキスト広告

　インターネットにおいてバナー広告やテキスト広告を行う場合、当該バナーやテキスト自体に必要的表示事項を表示する必要は、必ずしもないと考えられています。このような場合、当該バナーやテキストをクリックすることによって表示される別のページに必要的表示事項が列挙されており、かつ、当該バナーやテキストの表示と当該別のページとの間に一体性が認められることが必要であると解されています（金商法政省令パブコメ回答241頁93番、242頁94番）。たとえば、①ウェブサイトのトップページにおいて商品やサービスのメニューが表示され、次に、②当該メニューをクリックすると、各種商品やサービスが表示され、最後に、③当該各種商品やサービスの箇所をクリックすると、個別の商品やサービスの具体的な内容が表示される場合において、上記③のページに必要的表示事項である手数料等やリスク情報の表示がなされていれば、基本的には、このような一体性が認められ、広告規制に沿ったものであると考えられます（日証協「金融商品取引法における広告等規制について〔第4版〕」（以下「広告等規制QA」といいます）問12参照）。もっとも、バナーやテキストから必要的表示事項が列挙されている別のページへ容易にアクセスできるように、視覚的な工夫（たとえば、バナーやテキストを目立つ場所に貼付する、目立つ色やかたちを用いる、「詳細はこちら」「手数料／リスクに関するご説明」等の誘導文言を付記する等）が必要であると考えられます（広告等規制QA問17参照）。

　なお、複数の階層（ページ）によって構成されているウェブサイトでは、各ページの広告としての一体性について格別の留意が必要であるとの指摘がされています（金商法政省令パブコメ回答242頁95番）が、このような複数の階層により構成される広告自体が禁止されるものではないと考えられます。

もっとも、投資者が必要的表示事項にたどり着くまでに多数回のクリックが必要になるような場合や、別の業者のページに遷移するような場合には、各ページの広告としての一体性が否定される可能性があると考えられます（松尾直彦＝松本圭介『実務論点 金融商品取引法』99頁参照）。また、同一ページに必要的表示事項が表示されている場合であっても、投資者がその必要的表示事項にたどり着くまでに長大なスクロールを要するような場合には、広告としての一体性が否定される可能性があると考えられます（日証協広告等指針18、19頁参照）。

(3) ソーシャルメディア

ソーシャルメディア（フェイスブック等のソーシャル・ネットワーク・サービス（SNS）・ツイッターを指します）を利用した広告についても、インターネットによる広告として広告規制の適用を受けるため、これまでに説明した論点に注意する必要があると考えられます。

なお、第三者によるソーシャルメディア上のコメント等は、金商法上の広告規制が金融商品取引業者等による広告等を対象としていることから、広告規制の対象外であると考えられます。もっとも、形式的にはコメント等の投稿主が第三者であるものの、実質的には金融商品取引業者等によるコメント等であると認められるような場合（たとえば、ウェブサービス業者が金融商品取引業者等の依頼に従ってコメント等をする場合や、金融商品取引業者等の役職員・関係者がコメント等をする場合）には、広告規制の対象になり得る点に、注意する必要があります（金商法政省令パブコメ回答227頁15番、16番、日証協広告等指針19頁参照）。

(4) アフィリエイト（成功報酬型）広告

金商法上の広告規制は、金融商品取引業者等による広告等を対象としていることから、第三者によるアフィリエイト広告（広告主以外のブログその他の

ウェブサイトの運営者（アフィリエイター）が当該ウェブサイトに広告主が供給する商品・サービスのバナー広告を掲載し、当該ウェブサイトを閲覧した者がバナー広告等をクリックした場合や同広告等を通じて商品・サービスを購入した場合等、あらかじめ定められた条件に従って、広告主がアフィリエイターに対して報酬を支払うものを意味します）についても、広告規制の対象外であると考えられますが、金融商品取引業者等がアフィリエイト広告の内容について具体的な指示を行っている場合には、実質的には金融商品取引業者等による広告等であるとして、広告規制の対象になり得る点に、注意する必要があります（日証協広告等指針20頁以下参照）。

　また、金融商品取引業者等がアフィリエイト広告の内容について具体的な指示を行っていない場合であっても、その内容について、日証協広告等指針に従い金融商品取引業者等による事前・事後の審査等が必要になる場合があります。具体的には、①アフィリエイターとの間に直接的な契約関係がある場合には、(a)アフィリエイト広告の掲載前に、バナー広告等を貼付するウェブサイトの内容について、自社の広告等と同等の審査を実施するなど適切な対応をとる、(b)当該審査の結果、不適切な内容であった場合には、アフィリエイターに対して、その修正または削除を求め、その後改善がなされない場合には、アフィリエイターとの契約を解除するなど適切な対応をとる、(c)バナー広告等をクリックするといったんランディングページに遷移する仕組みとし、当該ランディングページに、「ご覧いただいているウェブサイトは当社が作成したものではない」旨、および、「掲載されている感想や評価はあくまでも作成者自身のものであり、当社のものではない」旨を明記するなどの対応をとることが必要となります。また、②アフィリエイターとの間に直接的な契約関係がなく、アフィリエイトサービスプロバイダーが介在する場合には、(a)バナー広告等を貼付するウェブサイトの内容のチェックについては事後（報酬支払時等）で足りるものの、(b)当該チェックの結果、不適切な内容であった場合には、アフィリエイターに対して、その修正または削除を

求め、その後改善がなされない場合には、アフィリエイトサービスプロバイダーに対してアフィリエイターとの契約の解除を求めるなど適切な対応をとるとともに、(c)ランディングページにおいて上記①(c)と同様の文言を明記するなどの対応をとることが必要となります（日証協広告等指針20頁以下参照）。

(5) メールマガジン

　上記のとおり、電子メールも広告類似行為として金商法に基づく広告規制の対象となり得ますが、「多数の者に対して同様の内容で行う情報の提供」である場合に限られています（金商業等府令72条）。したがって、通常のメールマガジンのように、定型化された内容のメッセージを発信する場合には、広告規制の対象になると考えられますが、顧客ごとにカスタマイズされたメッセージを発信する場合には、勧誘に該当する可能性はあるものの、広告規制の対象にはならないと考えられます。もっとも、電子メールにおいて主要部分以外の事項（たとえば、宛先や日付、金額や価格等の数値）をカスタマイズしたのみでは、広告規制の対象からは除外されないと考えられます（畑中龍太郎＝中務嗣治郎＝神田秀樹＝深山卓也編『銀行窓口の法務対策4500講〔Ⅰ〕』168頁参照）。

(6) その他の注意点

　以上に加え、広告を行ううえでは、景表法、特定電子メールの送信の適正化等に関する法律等の規制にも注意する必要があることから、適宜外部専門家の助言を受けることが望ましいといえます。

32 説明義務の履行

Q 金融商品の販売等に際して、インターネットバンキング利用者に対して、対面によらず説明義務を適切に履行するためにどのような方法や注意点がありますか

A 金融機関は顧客がその操作する電子機器の画面上に表示される説明事項を読み、その内容を理解したうえで画面上のボタンをクリックする等の方法による説明をインターネットバンキング利用者に対して行うことで基本的には足りると考えられますが、電子機器の開発等に伴い説明の方法・程度を継続的に見直していく必要があるものと思われます。

解　説

1 説明義務

(1) 法律上の根拠

　金融機関は、金融商品の販売等に際して、顧客に対し、重要事項を説明しなければならず、その説明は、「顧客の知識、経験、財産の状況及び当該金融商品の販売に係る契約を締結する目的に照らして、当該顧客に理解されるために必要な方法及び程度によるものでなければならない」とされています（金販法3条1項、2項）。

　また、金融機関は、その業務に係る重要な事項の顧客への説明その他の健全かつ適切な運営を確保するための措置を講じなければならないとされ（銀行法12条の2第2項）、たとえば、一定の商品を取り扱う場合には、業務の方法に応じ、顧客の知識、経験、財産の状況及び取引を行う目的を踏まえ、顧

客に対し、書面の交付その他の適切な方法により、預金等との誤認を防止するための説明を行わなければならないとされています（銀行法施行規則13条の5第1項）。「その他の適切な方法」にはインターネット上の表示も含まれると考えられます。

さらに、金融機関は、金融商品取引行為について、顧客の知識、経験、財産の状況・金融商品取引契約を締結する目的に照らして不適当と認められる勧誘を行って投資者の保護に欠けることとなっており、または欠けることとなるおそれがあることのないように業務を行わなければならず（いわゆる「適合性原則」金商法40条1号）、広義の適合性原則の観点から、顧客の属性等に照らして理解されるために必要な方法・程度による説明を行う必要があると解されています（岸田雅雄監修『注釈 金融商品取引法〔第2巻〕業者規制—第28条〜第66条の26』375、394頁）。具体的には、金融機関は、契約締結前書面等の交付に関し、あらかじめ顧客に対し、一定事項について、顧客の知識、経験、財産の状況及び金融商品取引契約を締結する目的に照らして当該顧客に理解されるために必要な方法及び程度による説明をしなければならないなどとされています（金商法38条7号、金商業等府令117条1項1号）。

(2) 非対面取引の場合

金融機関がインターネットのような非対面取引により金融商品の販売を行う場合にも、金販法は、対面取引と等しく適用されると解されています。また、業法に規定される説明義務も、利用者保護ルールが設けられた趣旨にかんがみれば、非対面取引であるからといって利用者保護の必要性の程度が異なるものではなく、非対面取引にも等しく適用されるべきものであると解されています（金融電子取引・監督行政報告18頁）。

むしろ、非対面取引においては、対面取引に比し、当事者間での交渉が希薄となり、顧客からの電子メール等による反応以外に金融機関と顧客との間のコミュニケーションが存在せず、金融機関から顧客への一方的な情報提供

となりがちですが、金融機関から提供される情報の内容は、顧客の契約意思の形成や意思決定に大きな影響を与えるものですから、顧客が金融機関から十分かつ適正な説明を受けられるようにする必要があります。

そこで、非対面取引の場合に顧客に理解されるために必要な説明の方法・程度が問題となります。

2　非対面取引の場合の説明の方法・程度

(1)　監督指針等

金商業等府令117条1項1号にいう「当該顧客に理解されるために必要な方法及び程度による説明」につき、金商業等監督指針は、「金融商品取引をインターネットを通じて行う場合においては、顧客がその操作する電子計算機の画面上に表示される説明事項を読み、その内容を理解した上で画面上のボタンをクリックする等の方法で、顧客が理解した旨を確認することにより、当該説明を行ったものと考えられる」と定めています（金商業等監督指針Ⅷ－1、Ⅲ－2－3－4(1)④）。

また、上記の「方法及び程度」については、法令上特段の定めはなく、説明の態様等に関する形式的・手続的な面よりも、顧客の属性（知識、経験、財産の状況及び契約締結の目的）に照らして当該顧客が当該書面の内容を的確に理解するかという実質面が重視されることになると考えられます。こうした考え方は、対面取引と非対面取引（たとえばインターネット取引やATM取引等）とで異なるものではありませんが、特に非対面取引の場合には、その特性にかんがみ、たとえば、顧客が「契約締結前交付書面」の内容をよく読んだ旨を確認すること、顧客からの問合せに適切に対応できる態勢を整備すること、および照会頻度の高い質問についての「Q&A」を掲載することなど（金融電子取引・監督行政報告）、実務上の工夫が必要であると考えられます（金商法政省令パブコメ回答391頁65番参照）。

(2) 裁判例

　近時においては、インターネットによる金融商品の販売に際しての説明義務違反が問題となった裁判例も出ています。

　たとえば、証券会社が、顧客をして、パソコン等の画面上で、株式の信用取引の基本的な仕組み等顧客の理解度を確認する質問に回答させて、理解度を確認したうえで信用取引口座の開設を承認したところ、当該顧客が当該証券会社に対し、信用取引のリスク等の説明義務違反を主張して、信用取引の結果生じた差損金の支払を求めた事案において、東京地判平成21年5月14日判タ1320号125頁は、「インターネットを通じた非対面方式による信用取引口座の開設においても、契約当事者は互いに真実を告知することが期待されるから、顧客から信用取引の仕組みやリスクを理解した旨の回答が返信された場合、原告としては、顧客の回答の正確性に疑問を持つべき特段の事情のない限り、これを信用し、顧客に対する必要な説明を尽くしたと判断することは相当」として、説明義務違反を否定しました。

　また、インターネットによる売買委託による信用取引口座設定契約締結に際しての説明義務違反の成否が問題となった事案において、大阪高判平成23年9月8日金法1937号124頁は、「顧客に対するリスク説明としては、顧客が自由に閲覧することができるリスク説明の書面を交付（電子交付を含む）した上で、これについて理解したかどうかを書面ないしウェブ上の入力で確認するという手法は、金融商品の販売等に関する法律3条の趣旨を考慮しても一定の合理性を有しているというべきであるし、証拠及び弁論の全趣旨によれば、金融庁の発表している監督指針及びパブリックコメントにおいても、インターネットを通じた説明の方法として、本件信用取引開始に当たって被控訴人がしたのと同様の方法を提案していることからすれば、リスク理解に関する顧客の回答について、これを疑うべき特段の事情がない限りは、さらに上記確認に加えて、電話や面談等をして、顧客のリスク理解について確認しなければ、説明義務違反として違法であるとまではいえない」との判示を

しています。そして、現在のインターネットバンキングの実務においても、この裁判例にのっとった説明方法をとっている例が多いようです。

(3) 実務上の留意点

　非対面取引の場合に顧客に理解されるために必要な説明の方法・程度は、特段の事情のない限り、顧客がその操作する電子計算機の画面上に表示される説明事項を読み、その内容を理解したうえで画面上のボタンをクリックする等の方法で足り、また、一般的な大多数の顧客がその内容を理解できる程度の説明で足りると解されます。

　もっとも、非対面取引といっても多様であり、たとえばスマートフォンやタブレット等の電子機器では、画面表示されるサイズが制限されることから、画面に掲載している説明をすべて転記するのではなく、顧客が真に必要とする情報を取捨選択して表示することや、「タップ」やスクロール動作に負荷がかからないページ構成をとること、キーボード等の入力機器がないことから入力負荷を軽減するために定型的な回答はプルダウンリスト形式を採用するなどの工夫や外出先での利用を考慮した顧客情報の表示方法の検討が有用であり、今後も電子機器の開発等に伴い「説明の方法及び程度」を継続的に見直していく必要があるものと思われます。

33 顧客カードの共有

Q 金融機関が国債や投資信託をインターネットで販売する場合、顧客カードの共有やリスク説明などについてどのような点に注意すべきですか

A 顧客の投資目的・意向が変化したことを把握した場合には、金融機関は顧客カード等の登録内容の変更を行い、変更後の登録内容を顧客と共有することが要請されます。インターネットバンキングにおいては、書面による共有やマイページ等により随時閲覧できる状態を保持するなどの方法で共有することが考えられます。

金融機関が通貨選択型ファンドなどリスクの高い商品を販売する場合には、管理職による承認制などの慎重な販売管理が必要となります。インターネットバンキングにおいては、商品特性やリスク特性について丁寧かつ適切な説明が行われ、当該説明について項目ごとに顧客が理解したことの確認がなされるのであれば、当該承認はなくとも「慎重な販売管理」を行っているものと考えられます。

解　説

1　顧客カードの整備と顧客との共有

(1)　概要・考え方

金融機関が国債や投資信託の販売などの登録金融機関業務を行う際には、金商法40条の規定に基づき、顧客の知識、経験、財産の状況、投資目的やリスク管理判断能力等に応じた取引内容や取引条件に留意し、顧客属性等に則

した適正な投資勧誘の履行を確保することが要請されます（金商業等監督指針Ⅷ－1、Ⅲ－2－3－1）。そして、そのためには顧客の属性等・取引実態を的確に把握し得る顧客管理態勢を確立することが重要となります。

顧客属性の把握等の観点から、日証協の協会員は、顧客の投資経験、投資目的、資力等を十分に把握し、顧客の意向と実情に適合した投資勧誘を行うよう努めるものとされており、また、有価証券の売買その他の取引等を行う顧客（金商法2条31項に規定する特定投資家を除きます）について、氏名、住所、生年月日、職業、投資目的、資産の状況、投資経験の有無、取引の種類、顧客となった動機などを記載した顧客カードを備えつけなければなりません（日証協「協会員の投資勧誘、顧客管理等に関する規則」4条2項、5条1項）。そこで、顧客カードは、登録金融機関が顧客属性や取引状況の把握などの顧客管理をするうえで、重要な資料となります。

平成24年2月に、金商業等監督指針が改正され、登録金融機関が顧客の投資意向、投資経験等の顧客属性等を適時適切に把握するため、①顧客カード等については、顧客の投資目的・意向を十分確認して作成し、顧客カード等に登録された顧客の投資目的・意向を金融商品取引業者と顧客の双方で共有すること、②顧客の申出に基づき、顧客の投資目的・意向が変化したことを把握した場合には、顧客カード等の登録内容の変更を行い、変更後の登録内容を金融商品取引業者等と顧客の双方で共有することが要請されるようになりました（金商業等監督指針Ⅷ－1、Ⅲ－2－3－1(1)①イ）。

顧客カード等とは、顧客カードの必要記載事項を満たしており、かつ販売の都度顧客属性を確認する「意向確認シート」のようなもので代用することも可能です。

顧客カード等の登録内容の共有は、取扱商品を問わず要請されるものであり、たとえば、通貨選択型投信や毎月分配型投信などのほか、国債や地方債を取り扱う場合も含まれます（平成23年監督指針パブコメ回答2番）。また、顧客との共有は、販売時のみならず、販売後に顧客の申出がある場合などに

も適用があります(平成23年監督指針パブコメ回答2番)。さらに、共有は、既存顧客に対しても要請されます(平成23年監督指針パブコメ回答5番)。一方、金商法40条2号の適用がない特定投資家である顧客については顧客カード等の共有は必要とされていません(金商法45条1号、平成23年監督指針パブコメ回答4番)。

　なお、顧客カード等の登録内容の顧客との共有にあたって、顧客と金融商品取引業者等との間で登録内容について確認するだけでは足りず、これを確実に行う観点から、顧客への手交、送付(電子的送付を含みます)など書面による共有(以下「書面による共有」といいます)が必要であると考えられます(平成23年監督指針パブコメ回答8番ないし13番)。

(2) インターネットバンキングにおける留意点

　顧客カード等の登録内容の書面による共有方法は、新規口座開設時に顧客カードの登録内容が記載された申込書の写しを交付する方法、当該月の口座開設者に対して翌月一斉に書面をもって顧客カードの登録内容を通知する方法、取引残高報告書等により定期的に顧客の現在の登録内容を書面で通知する方法などが考えられます(平成23年監督指針パブコメ回答15番、16番参照)。この点、非対面取引であるインターネットバンキングにおいては、問合せに対してオペレーターが対応するだけでは足りず、書面による共有やマイページ等により随時閲覧できる状態が必要であると考えられています(平成23年監督指針パブコメ回答18番ないし20番)。なお、システム対応ができるまでの間は、顧客からの問合せに対し、適切に対応できる態勢を構築する必要があるとされています。そこで、これらの考えをもとに顧客カード等の共有を図ることが肝要です。たとえば、取引ごとに顧客の投資目的意向をチェックボックス等で確認することが考えられます。

　なお、対面である店舗での取引と非対面であるインターネットバンキングでの取引を行う場合については、店頭・インターネットのどちらか一方で投

資目的・意向を変更した場合であっても、店頭・インターネット双方において、変更内容を把握しておく必要があると考えられています（平成23年監督指針パブコメ回答21番）。そこで、金融商品取引業者等においては、投資目的・意向の変更を顧客毎に統合的に把握することが肝要です。

2 リスクが高い商品に係る慎重な販売管理

(1) 概要・考え方

2012年2月の金商業等監督指針の改正では、「元本の安全性を重視するとしている顧客に対して、通貨選択型ファンドなどのリスクの高い商品を販売する場合には、管理職による承認制とするなどの慎重な販売管理を行」う旨が監督上の留意事項に追加されました。ここで、通貨選択型ファンドとは、投資者が選択できる複数の通貨コースにより構成され、組入資産による収益のほか、当該コースの通貨による複数の収益（為替取引によるプレミアム（金利差相当分の収益）・為替差益）を追求する商品を意味すると考えられます（投資信託協会「交付目論見書の作成に関する規則」3条2項参照）。通貨選択型ファンドは、投資対象資産（株式や債券など）の変動のほか、為替取引によるプレミアムやコスト、為替差益、差損などが生じるため、リスクの高い金融商品であると考えられています。

金融商品取引業者等がリスクの高い商品を販売する場合に要請される慎重な販売管理は、勧誘・非勧誘を問わずに要請されると考えられており（平成23年監督指針パブコメ回答22番、23番）、当該管理は顧客が自主的に商品選択を行う場合にも適用があります。

(2) インターネットバンキングでの注意点

管理職による承認制は主に対面取引を想定した販売管理であり、リアルタイムで取引を行う非対面のインターネットバンキングに必ずしもなじむものではありません。インターネット取引においては、各商品のもつ商品特性や

リスク特性について丁寧かつ適切な説明（ウェブサイト上での説明を含みます）が行われ、当該説明について項目ごとに顧客が理解したことの確認（リスク特性については、個別具体的なリスクごとの確認）がなされるのであれば、管理職による承認はなくとも「慎重な販売管理」に当たると考えられています（平成23年監督指針パブコメ回答24番）。

登録金融機関は、契約締結前交付書面など書面の交付に際して、特定投資家以外の投資家に対して、一定のリスク事項を当該顧客に理解されるために必要な方法・程度により説明することが求められていますが（実質的説明義務、金商業等府令117条1項1号）、インターネットを通じて説明を行う場合においては、「顧客がその操作する電子計算機の画面上に表示される説明事項を読み、その内容を理解した上で画面上のボタンをクリックする等の方法で、顧客が理解した旨を確認することにより、当該説明を行ったものと考えられ」ています（金商業等監督指針Ⅷ－1、Ⅲ－2－3－4(1)④）。金販法3条に基づく重要事項の説明義務の程度についてもこれと同様に考えられます。たとえば、インターネットバンキングでは、ユーザーが、表示されたリスク説明事項などを読み、内容を理解し、承諾をした旨をクリックするないし画面上のチェックボックスにチェックを入れることで取引可能とする対応も考えられます。

この点、金融機関が「慎重な販売管理」が要請されるリスクの高い金融商品を販売する場合には、たとえば、図表を用いる、ビジュアル上わかりやすい説明を行う、当該図表等を閲覧することで取引を進行するようなシステムを採用するなど、通常の取引よりも丁寧なプロセスを経て顧客の理解を得る対応をとる等の実務上の工夫を行うことも考えられます。

34 法定書面の交付

Q 金融機関が投資信託などの金融商品をインターネットで販売するにあたり、目論見書や契約締結前交付書面などの法定書面の交付に際しどのような点に注意すべきですか

A 登録金融機関は、金融商品をインターネットで販売するにあたり、①法定書面の必要的記載事項を顧客の使用するパソコンに電子メールにより送信し、顧客の使用するパソコンに備えられた顧客ファイルに記録する方法、②同記載事項をウェブサイトにおいて顧客の閲覧に供し、当該顧客が使用するパソコンに当該事項をダウンロードする方法、③金融機関の使用する電子計算機に備えられた閲覧ファイルに記録された同記載事項を、ウェブサイト等を通じて顧客の閲覧に供する方法、④金融機関の使用する電子計算機に備えられた顧客ファイルに記録された同記載事項を、ウェブサイト等を通じて顧客の閲覧に供するといった方法により、法定書面を交付することが考えられます。また、上記方法ごとに登録金融機関が追加的に講じなければならない措置があり、注意を要します。

解説

1 法定書面の交付

金融機関が登録金融機関業務として金融商品の販売・勧誘を行う場合、金商法や投信法に基づき所定の法定書面の交付が必要とされることがあります。電子情報処理組織を使用する方法での交付が認められることもあります。インターネットバンキングでは、紙媒体での書面を交付することが困難

であり、電磁的方法により交付を行うことが一般的です。

　たとえば、投資信託をインターネットで販売するにあたり、目論見書や契約締結前交付書面を交付する際には、下記に定めるような所定の方法（以下「電磁的方法」といいます）により、当該法定書面の記載事項を提供することが認められています（金商法27条の30の９第１項、開示府令23条の２第２項１号、金商法37条の３、金商業等府令56条１項１号）。この場合には、あらかじめ電磁的方法の種類・内容を示し、書面・電磁的方法による顧客の承諾・同意を得ることが必要です（金商法27条の30の９第１項、開示府令23条の２第１項、金商法37条の３第２項、34条の２第４項、金商法施行令15条の22）。承諾・同意は書面の交付ごとに取得するほか、包括的に取得することも可能です。ただし、顧客に対して電磁的方法の種類・内容を示す必要はあります。また、電磁的方法による交付が不可能な場合を想定して、あらかじめ、「場合によっては紙媒体で交付することがある」旨を承諾・同意事項に含めることも許容されると考えられています（日証協「電磁的方法による交付に係るQ&A」（平成22年４月版）問３参照）。

2　目論見書および契約締結前交付書面の交付に係る電磁的方法

　目論見書および契約締結前交付書面の交付に係る電磁的方法は以下のとおりです。

① 　金融機関の使用に係る電子計算機と顧客等の使用に係る電子計算機とを接続する電気通信回線を通じて書面に記載すべき事項を送信し、顧客等の使用に係る電子計算機に備えられた顧客ファイル（もっぱら顧客の用に供せられるファイル）に記録する方法

② 　金融機関の使用に係る電子計算機に備えられたファイルに記録された記載事項を、電気通信回線を通じて顧客の閲覧に供し、顧客等の使用に係る電子計算機に備えられた当該顧客の顧客ファイルに当該記載事項を記録する方法

③　金融機関の使用に係る電子計算機に備えられた顧客ファイルに記録された記載事項を、電気通信回線を通じて顧客の閲覧に供する方法
④　閲覧ファイル（金融機関の使用に係る電子計算機に備えられたファイルであって、同時に複数の顧客の閲覧に供するため記載事項を記録させるファイル）に記録された記載事項を、電気通信回線を通じて顧客の閲覧に供する方法

　これらの方法の具体例としては、それぞれ、①電子メールを利用して、顧客の使用するパソコン等に書面の記載事項を送信し、顧客が当該パソコン等のハードディスクに当該記載事項を記録する方法、②金融機関のウェブサイトにおいて目論見書または契約締結前交付書面のファイル（PDFファイル等）を顧客の閲覧に供し、当該顧客の使用するパソコン等にダウンロードし、当該記載事項を記録する方法、③金融機関のウェブサイト（パスワード・口座番号等による認証が必要とされる特定のページ）に顧客ファイル（アカウント等）を設け、当該顧客ファイルに書面の記載事項を記録し、顧客の閲覧に供する方法、④金融機関のウェブサイト（通常、パスワード・口座番号等による認証を要しない一般のページ）からハイパーリンク等により接続される閲覧ファイルに書面の記載事項を記録し、顧客の閲覧に供する方法が考えられます。

　いずれの方法も顧客が記録を出力することにより書面を作成できるものでなければならず（開示府令23条の2第3項1号、金商業等府令56条2項1号）、顧客が印刷等をできることが必要となります。もっとも、金融商品取引業者等には、顧客がプリンター等を保有していることを確認する義務まではないと解されています（日証協「電磁的方法による交付に係るQ&A」問12参照）。

　上記②以外の方法による場合、記載事項を顧客ファイルまたは閲覧ファイルに記録する旨・記録した旨を顧客に対し通知するものである必要があります（開示府令23条の2第3項2号、金商業等府令56条2項2号）。通知の方法としては法令上特段の定めがなく、電磁的な方法のほか、書面、電話等の方法が可能です。顧客のパソコンに電子メールにより通知する場合には、当該電

子メールが顧客のパソコンに記録される必要があります（日証協「電磁的方法による交付に係るQ&A」問13参照）。一方、顧客が当該記載事項を閲覧していたことを確認した場合には当該通知は不要となります。具体的な確認方法について法令上特段の定めはありませんが、たとえば、目論見書や契約締結前交付書面を閲覧しない限り取引ができないような仕組みとする等の対応をとることで、顧客が当該記載事項を閲覧していたことを担保することが考えられます。なお、顧客に対する説明義務・自己責任原則等の観点から、顧客に対し「目論見書の内容を読んで理解した」旨の確認も行うことがより慎重な対応であると考えられます。

一方、②に関し、顧客が当該事項をダウンロードしたことを金融機関において確認する法令上の義務はありませんが、事後的検証の観点から、たとえば、ウェブサイトにおいて顧客に対し、顧客がダウンロードした旨チェックボックスにチェックを入力させることにより、当該事項をダウンロードしたことを担保することが考えられます。

また、③・④の方法をとる場合、金融機関は、契約締結前交付書面に関し、記載事項に掲げられた取引を最後に行った日から5年間は、原則として顧客ファイルや閲覧ファイルの記載事項を改変・消去することはできず、目論見書に関しても当該目論見書の提供から5年間は、顧客ファイルや閲覧ファイルの記載事項を原則として改変・消去することはできません（開示府令23条の2第3項4号イ、金商業等府令56条2項3号）。

さらに、④の方法をとる場合、顧客が閲覧ファイルを閲覧するために必要な情報を顧客ファイルに記録することや当該顧客ファイルを、原則として、上記期間を経過するまで当該閲覧ファイルと電気通信回線を通じて接続可能な状態とすることを維持することが要請されます。

目論見書や契約締結前交付書面のほか、上記①から④に記載した方法により交付できる書面としては、契約締結時等交付書面（金商法37条の4）、特定投資家以外の投資家への移行の承諾（金商法34条の2第3項）、最良執行方針

等(金商法40条の2第4項)、運用報告書(投信法14条)などがあります。また、銀行法上の特定預金に係る法定書面についても同様の方法を使用することができます(銀行法施行規則14条の11の8)。

　取引残高報告書や投資信託の運用報告書など定期的に交付する書類の通知については交付の都度通知をするのが原則ですが、顧客が交付の時期をいつでも確認できるような措置がとられている場合には、当初契約時(購入時)に書類が記録される時期を通知する方法による対応が可能な場合もあると考えられます。

3　実務上の問題

　スマートフォンやタブレット端末の普及により、スマートフォンやタブレット端末経由で投資信託を販売するケースが増えていることに伴い、顧客がスマートフォンやタブレットで法定書面を閲覧するに際し、システム上の不具合や顧客が利用する端末と金融機関による推奨環境との不整合などにより閲覧ができない、あるいは法定書面の表示が過小になるといった問題が生じる可能性があり、一部の金融機関で実際にこのような問題が発生したことがあります。

　金融機関はこのような事態を防止し、顧客に対する説明義務を尽くす観点から、システムを十分に整備し、画面の表示や遷移に不具合が発生しないような態勢を整えるとともに、事務作業面での労力を要するものの、日々増加する顧客の使用する情報端末に極力対応し、顧客が法定書面を十分確認できる態勢を整えることが肝要と考えられます。

35 保険募集

Q 金融機関がインターネットで保険商品を取り扱う場合、どのような点に注意すべきですか

A 金融機関が保険募集を行う場合には、保険業法上の弊害防止措置が課されます。インターネットで保険商品を取り扱う金融機関が弊害防止措置を講じるに際しては非対面取引の特性に配慮してシステム構築等を行うことなどに注意すべきです。

解説

1 金融機関による保険募集規制

保険の引受けは内閣総理大臣の免許を得た保険会社や外国保険会社等しか原則として行うことはできません（保険業法3条、185条）。もっとも、保険契約の締結の代理・媒介（以下「保険募集」といいます）は、登録をした保険募集人や保険仲立人が行うことができます（保険業法276条、286条）。この点、金融機関（以下「銀行等」といいます）が保険募集人・保険仲立人となり保険募集を行うに際しては、優越的な地位の濫用や影響力の行使により保険募集を行うことを防止する観点から、特別に弊害防止措置を講じることが要求されています（保険業法275条1項、2項）。また、銀行には預金との誤認防止の説明等が必要となります（銀行法施行規則13条の5）。

なお、銀行等が取り扱うことができる保険商品は次表のとおり段階的に解禁され、現在はすべての商品が対象となっています。もっとも、保険商品ごとに課される弊害防止措置が異なるため、注意が必要です。

第1次解禁商品 平成13年4月から	住宅ローン関連信用生命保険、住宅ローン関連長期火災保険、住宅ローン関連債務返済支援保険、海外旅行保険
第2次解禁商品 平成14年10月から	個人年金保険、財形保険、年金払積立傷害保険、財形傷害保険
第3次解禁商品Ⓐ 平成17年12月から	一時払終身保険(法人契約を除く)、一時払養老保険(法人契約を除く)、貯蓄性生存保険(死亡保障部分の小さいもの)、積立火災保険、積立傷害保険等
第3次解禁商品Ⓑ 平成17年12月から	一時払終身保険(法人契約)、一時払養老保険(法人契約)、短満期平準払養老保険、個人向け賠償保険等
全面解禁商品 平成19年12月から	定期保険、平準払終身保険、長期平準払養老保険、貯蓄性生存保険(死亡保障部分の大きいもの)、医療・介護保険、自動車保険、団体火災保険、事業関連保険、団体傷害保険等

(注) 一部例外があります。

　全保険商品に係る弊害防止措置としては、①保険募集指針の策定・公表、②法令等遵守統括責任者などの任命・配置、③非公開情報保護措置、④保険商品への加入の有無が他の銀行取引に影響しない旨の事前説明があります。一方、第3次解禁商品②および全面解禁商品に適用される弊害防止措置としては、①融資担当者分離規制、②保険募集制限先規制、③タイミング規制、④銀行等の特定関係者に係る知りながら規制があります。

2　インターネットによる保険商品の取扱い

　保険商品は金融庁の審査基準に従った認可等が必要であり、たとえば、保険商品について事業方法書および普通保険約款に記載された事項を変更するためには、審査基準に適合したうえでの認可取得や変更届出が必要となります。インターネットを通じて保険契約の申込みや締結の手続を行う商品では、保険契約の申込者の本人確認、被保険者の身体の状況の確認、契約内容の説明、情報管理などの一定事項について、保険契約者等の保護・業務の的確な運営が確保されるための適切な措置が講じられていることなどが審査基準となっています(保険業法124条、5条1項3号ホ、保険業法施行規則11条2

項2号の2）。審査では、①確実な方法で申込者が契約手続を行う正当な当事者であることの確認の措置、②契約申込情報その他契約に関する情報の不備・変質を防止するための措置ならびに不備等が発生した場合にあっても、これが保険契約者等の保護に欠けることとならないようにするための措置、③当該手続の使用が契約・保険契約者等に係る情報の漏出を招くことのないようにするための防護の措置、④申込者が確実な方法で契約の申込みその他の契約関係の手続の内容、契約内容・重要事項を確認し、かつ、保存できるようにするための措置および⑤当該手続を使用することが契約に関し申込者の保険会社との間の爾後の行為に対する制約とならないようにするための措置が講じられているかが着目されます（保険会社監督指針Ⅳ－1－12）。

3　実務上の留意点

(1)　全商品に課される弊害防止措置

　銀行等が、インターネットを通じて保険募集を行う場合には、店舗で行う場合と同様の弊害防止措置が課されます。

　まず、全商品に課される弊害防止措置として、保険募集指針の策定・公表義務があります（保険業法275条、保険業法施行規則212条2項2号）。保険募集指針には、保険契約の引受保険会社の商号、銀行等が法令に違反して保険募集につき顧客に損害を与えた場合には当該銀行等に募集代理店としての販売責任がある旨、銀行等の苦情・相談の受付先および保険契約締結後に銀行等が行う業務内容などの所定事項を明示するとともに、保険契約を引受先や保険金等の支払人は保険会社である旨などの所定事項を記載し、その内容を顧客に周知する必要があります（保険会社監督指針Ⅱ－3－3－9－3）。ホームページの活用も同内容の周知方法の一つとされています。

　また、銀行等が、非公開金融情報（保険業法施行規則212条2項1号イ参照）を保険募集に係る業務に利用する場合には、非公開金融情報の利用について顧客の同意を取得する際に、当該同意の有効期間・その撤回の方法、非公開

金融情報を利用する保険募集の方式（対面、郵便等の別）、利用する非公開金融情報の範囲（定期預金の満期日、預金口座への入出金に係る情報、その他金融資産の運用に係る情報等）を顧客に具体的に明示するとともに、取引の態様ごとに適切な方法により事前に顧客の同意を得なければ保険契約の締結の代理・媒介ができないようにするための必要な措置を講じることが要請されます（保険会社監督指針Ⅱ－3－3－9－2）。必要な措置として、たとえば、非公開金融情報を利用しようとする場合には事前に同意をとらなければ商品説明を行えない、さらに書面による同意がなければ契約申込み・締結を行えないような事務手続を整備することが考えられます。インターネット等による事前同意取得の場合には、非公開金融情報の保険募集に係る業務への利用について、当該業務に先立って電磁的方法による説明を行い、電磁的方法による同意を得る方法が考えられます。

(2) **第3次解禁商品Ⓑおよび全面解禁商品に課される弊害防止措置**

前述のとおり、銀行等が第3次解禁商品Ⓑおよび全面解禁商品を取り扱う際には、①融資担当者分離規制（事業性資金の融資に係る応接業務を行う者が、保険募集を行わないことを確保するための措置）、②保険募集制限先規制、③タイミング規制、④知りながら規制（保険募集制限先規制やタイミング規制に該当することを知りながら、銀行等の特定関係者に該当する保険代理店が保険募集を行うことの禁止）といった特別の規制が課されます。

たとえば、②保険募集制限先規制では、事業性資金の貸出先である法人、その代表者ならびに個人事業主や事業性資金の貸出先で、かつ常時使用する従業員が50人以下の企業の役員（代表者を除きます）・従業員（以下「保険募集制限先」といいます）を保険契約者・被保険者として保険募集手数料等の報酬を得た保険募集を行うことが禁止され、制限先の確認に注意が必要です（保険業法施行規則212条3項1号、保険会社監督指針Ⅱ－3－3－9－4）。また、③タイミング規制では、顧客が事業性資金の融資申込みをしていること

を知りながら、同人を契約者とする該当商品の保険募集を行うことや銀行等に事業性資金の融資申込みをしている法人の代表者に対し保険募集を行うことは禁止されます（保険業法施行規則234条1項10号）。そこで、実務ではインターネットでの申込みなどで、事業性資金の貸付を受けていないか・申込みをしていないか等の確認をするなどのシステム対応をとることが考えられます。

(3) 契約概要・注意喚起情報

保険募集においては、顧客に対する重要事項の説明（保険業法300条1項1号）の観点から特に重要な事項である契約概要・注記喚起情報の告知やこれらを記載した書面の交付が要請されています（保険会社監督指針Ⅱ－3－3－2－(2)、Ⅱ－3－3－6(2)、Ⅱ－3－5－1－2(17)等）。保存の必要性から書面の交付が原則とされていますが、電磁的方法により交付を行う場合は、顧客の了解の取得・印刷・電磁的方法による保存が可能であることなどを満たす必要があります（保険業法100条の2、保険業法施行規則53条の7、保険会社監督指針Ⅱ－3－5－1）。また、インターネットでは、顧客が内容を理解できるように所定の表示を行ったうえで、当該書面を読むことが重要であることを顧客が十分認識できるよう電磁的方法による説明を行う方法をとるなど同指針の詳細な内容に留意して保険募集を行うなど、システム構築等を行うことが重要であると考えられます。

また、一定の保険商品に関する保険募集においては、顧客のニーズに関して情報を収集し、保険商品が顧客のニーズに合致することを確認する書面（以下「意向確認書面」といいます）を作成し、書面で交付するとともに、保険会社等において保存することが要請されますが（保険会社監督指針Ⅱ－3－5－1－2(18)）、インターネットを利用する場合には、同指針を参照のうえ、顧客ニーズに関する情報収集や意向確認書面の媒体選択などの観点からの慎重な検討をすべきでしょう。

▼ コラム

金融ADRとインターネットバンキング

　金融ADRとは、金融に関する顧客と金融機関のトラブルについて、金融庁が指定する紛争解決機関が中立・公正な立場で間に入り、裁判によらない話合いでの解決を目指す手続です（銀行法52条の62、金商法156条の38以下参照）。銀行業務の指定紛争解決機関である全国銀行協会は、金融ADRにおける紛争解決等業務の実施状況として、以下のようなインターネットバンキングに関連する紛争を紹介しています。

① 　Aさんが、X銀行の窓口で投資信託を購入したところ、その投資信託は手数料の安いインターネットバンキングでも購入可能であったことが判明したとして、X銀行に対して窓口とインターネットバンキングでの手数料の差額の返還を請求した。

② 　Bさんが、Y銀行で購入した投資信託の解約につき、代わりに母親に窓口へ行ってもらったところ、窓口担当者からはBさん本人が直接来店しなければ対応できないといわれて当日の解約を断念したが、後日、インターネットバンキングでも解約できたことに気づいたとして、Y銀行に対して損失の補てんを求めた。

③ 　Cさんが、Z銀行で購入した投資信託の解約につき、窓口担当者から詳細な解約方法の説明を受けられず、解約ができなかったとして、Z銀行に対して損失の補てんを求めた。

　上記は公表された紛争の事例のごく一部ではありますが、いずれも窓口とインターネットバンキングにおけるサービスや手続の違いが原因になっているように思われます。インターネットバンキングの普及・拡大により、その専門担当者のみならず、窓口担当者においても金融機関が取り扱うインターネットバンキングサービスの内容を知っておくことが求められるつつあるともいえそうです。また、万一トラブルになった場合は、窓口限りで処理せず、各金融機関が定めるルールに従って対応することが肝要であり、適宜、外部専門家等の知見を得つつ、顧客と向き合うことが、解決につながるといえるでしょう。

VII

犯収法対応

36 改正前の犯収法に基づく本人確認済みの顧客に係る取引時確認

Q 2013年4月1日の改正犯収法施行以前からのインターネットバンキングにおける普通預金利用者が、改正犯収法施行後において再度普通預金取引を行う場合、定期預金口座を開設する場合、外貨預金取引を行う場合、あるいは、投資信託を購入する場合、金融機関はどのような確認を行う必要がありますか

A 普通預金利用者が、改正犯収法施行日前に、単に普通預金契約を締結しているのみで、改正犯収法施行後に普通預金取引を行う場合には、犯収法附則2条4項1号の適用により、取引目的等の確認を含め、取引時確認は不要です。一方、定期預金口座の開設、外貨預金取引、投資信託の購入を行う場合には、取引時確認の適用除外とはなりませんが、普通預金口座の開設の際に改正前の犯収法に基づく本人確認等が行われていれば、犯収法附則2条1項の適用により、特定事業者である金融機関は本人特定事項以外の取引目的等の確認のみを行えば足ります。

解説

1 犯収法の改正

(1) 犯収法の改正概要

犯収法の改正法が2013年4月1日に施行されました。金融実務において特に影響があるのは以下の3点です。

① 取引時に確認する事項が、従来の本人特定事項（氏名・住居・生年月日、

法人については名称・本店等の所在地）に加え、「取引を行う目的」、「職業（法人の場合には事業内容）」、「法人の実質的支配者がある場合の当該支配者の本人特定事項」にまで拡大されたこと
② なりすまし等が疑われる取引の場合には、関連する他の取引の際に行われた確認の際にとった方法とは異なる方法により本人特定事項の確認を行い、また、当該取引が200万円を超える資産の移転を伴う場合には、資産・収入の状況を確認しなければならないこと
③ 確認した本人特定事項等に係る情報を最新の内容に保つための措置を講ずるほか、従業員に対する教育訓練の実施その他の必要な体制の整備に努めなければならないこと

(2) **取引目的等の確認方法**

　これらのうち、特に影響が大きいのは、①取引時確認事項の拡大であるといえるでしょう。新たに確認事項として加わった、取引目的、職業、実質的支配者の確認については、顧客等から申告を受ける方法によるとされており（犯収法施行規則8条、9条1号、10条1項）、法人の事業内容の確認については、定款、設立登記に係る登記事項証明書等のいずれかまたはその写しを確認する方法によるものとされています（犯収法施行規則9条2号）。

　顧客等からの申告により確認を行う取引目的については、特定取引を行うに際して申込書等の書面にあらかじめ記載された複数の具体的な取引目的の欄にチェックを入れてもらうことにより、確認することが考えられます。犯収法ガイドラインでは、預貯金契約締結・大口現金取引（為替取引）に関する取引目的の類型が例示されています（預貯金契約締結については、「事業費決済」、「貯蓄／資産運用」、「融資」、「その他」等、大口現金取引については、「商品・サービス代金」、「投資／貸付／借入返済」、「その他」等）。

　職業についても、同様に、申込書等に職業欄を設け、複数の職業のなかから選択させる方法が考えられます。犯収法ガイドラインにおいては、個人顧

客の職業類型として、「会社役員／団体役員」、「会社員／団体職員」、「公務員」、「個人事業主／自営業」、「その他」等が例示されています。

なお、これらの選択肢のなかで、「その他」が選ばれる場合には、顧客等にその具体的な内容を記載させるようにすることが望ましいでしょう。ただし、顧客等が「その他」の自由記載欄に、不規則な内容を記載することも考えられ、そのような記載がなされた場合に記録作成・保存やモニタリングに支障が生じるという課題もあります。

2 改正犯収法に基づく経過措置

本設問のように、すでに普通預金口座を開設しており、改正前の犯収法に基づく本人確認が行われている顧客について、改正犯収法施行日後の取引時に特定事業者がどのような確認を行う必要があるのか説明します。

改正犯収法は、犯収法附則において経過措置を設け、改正前の犯収法に基づき行った本人確認等の措置を、施行日以後の取引時確認にどのように反映させるかのルールを定めています。

(1) 改正犯収法施行日前における本人確認済みの顧客等（国等を除く）

犯収法附則2条1項は、改正犯収法施行日前において本人確認済みの顧客等（国等を除く）につき、特定事業者が施行日以後取引時確認を要する特定取引を行う場合には、改正前の犯収法に基づく本人確認記録の作成と保存がなされていることを条件として、再度本人特定事項の確認を行うことを不要としています。

もっとも、確認不要とされるのはあくまでも本人特定事項だけであり、改正前の犯収法においては確認事項とされていなかった、取引目的、職業（法人の場合には事業内容）、法人の実質的支配者がある場合の当該支配者の本人特定事項については、確認する必要があります。

(2) **取引時確認の適用除外**

　犯収法附則2条4項は、改正犯収法施行日後に特定取引を行う場合であっても、取引時確認の適用を免れる取引の要件を定めています。

① 継続的な取引契約に基づく特定取引

　犯収法附則2条4項1号は、改正犯収法施行日前に本人確認済みであり、かつ、本人確認記録が作成・保存されている契約がある場合に、施行日前の取引に関連する特定取引について、取引目的等の確認を含め、取引時確認を不要としています。犯収法経過措置令8条1項は、取引時確認の適用が除外される特定取引を、「特定取引（中略）であって、（中略）施行日前の取引（中略）が契約の締結である場合における当該契約に基づくもの」と規定しています。

　このような特定取引が取引時確認の適用除外とされている趣旨は、継続的な契約に基づく取引のなかには、契約の締結時のほかは、すべて非対面で、かつ、瞬時に行う必要があるもの（たとえば、株式のネット取引）があり、当該取引について取引目的等の確認を求めることは、取引の円滑な遂行に著しい混乱を引き起こすおそれがあるため、とされています（松下和彦他「「犯罪による収益の移転防止に関する法律の一部を改正する法律」の概要」警察学論集第64巻第9号65頁）。インターネットバンキングによる送金取引などを取引時確認の適用除外とすることも、このような趣旨に合致するものといえるでしょう。

　たとえば、改正犯収法施行日前に、普通預金、定期預金、公共債、自動融資がセットになった総合口座を開設した場合、改正犯収法施行日後に借越しを行うことは、当該総合口座契約に基づく特定取引であることから、取引時確認は不要になります。

② 実質的な取引時確認を実施している取引

　犯収法附則2条4項3号は、特定事業者が改正犯収法施行日以前に、改正前の犯収法に基づく本人確認と本人確認記録の作成・保存に加え、本人特定

事項以外の取引目的等に相当する事項についてもすでに確認を行い、犯収法6条1項による記録に相当する記録を行っている場合には、当該顧客等との間で行う施行日以降の特定取引については、特定事業者があらためて取引時確認を行うことを不要としています。この場合、特定事業者はその顧客等が施行日以前の取引の際に本人確認・取引目的等相当確認を行っている顧客等であることを確かめる措置をとる必要があります。

3　具体的な対応方法

　取引を行おうとする普通預金利用者が、改正犯収法施行日前において、単に普通預金契約を締結しているのみである場合、改正犯収法施行後に普通預金取引を行う際には、当該契約に基づく取引として、犯収法附則2条4項1号の適用により、取引目的等の確認を含め、取引時確認が不要となります。一方、定期預金口座の開設、外貨預金取引、投資信託の購入を行う際には、取引時確認の適用除外とはなりませんが、普通預金口座の開設の際に改正前の犯収法に基づく本人確認等が行われていると思われますので、犯収法附則2条1項の適用により、特定事業者は本人特定事項以外の取引目的等の確認のみを行えば足ります。

　仮に、普通預金契約ではなく総合口座契約（外貨預金も含みます）を締結している場合、定期預金口座の開設、外貨預金取引を行う場合であっても、犯収法附則2条4項1号の適用により、取引時確認が不要となります。

37 借名名義の変更

Q インターネットバンキングで、顧客より、借名名義の預金口座について、真正名義への変更を希望する旨の申出があった場合、金融機関には犯収法上どのような対応が必要ですか

A 再度の取引時確認を不要とする犯収法上の規定は適用されないため、特定事業者である金融機関にはあらためて犯収法上の取引時確認を実施する必要があることに加え、なりすまし等が疑われるハイリスク取引として、より厳格な顧客確認措置が求められることにも注意が必要です。

犯収法上、厳格な対応が必要であるため、実務上は、解約手続を促したうえ、残高については、真の預金者を名乗る人物・名義人が連署した書面に基づいて払い戻すことが考えられます。また、調査段階で犯罪利用やなりすましが発覚した場合には、金融機関は、疑わしい取引の届出や約款違反による口座解約を検討する必要があります。

解　説

本設問では、実際の預金者とは異なる者の名義で開設された預金口座である借名名義預金口座（以下「借名口座」といいます）に関する金融機関の対応を検討します。

1　背　景

犯収法上、特定事業者である金融機関は、預金口座の開設にあたって取引

時確認を実施する義務を課せられていますので（犯収法4条、2条）、借名口座の開設を認めることはできません。

インターネットバンキングでは、その非対面性ゆえ、口座開設段階における取引時確認を徹底する必要がありますが、結果として借名口座が生じてしまった場合の事後的な対応については整理の必要があると考えられます。

2 検　討

借名口座につき、真の預金者を名乗る人物から口座名義を変更したい旨の要請があった場合、犯収法上、金融機関としてはどのように対応すればよいでしょうか。

(1) 預金者の認定

前提として、金融機関は、口座名義の変更を要請している者が真の預金者といえるかを確定する必要があります（いわゆる「預金者の認定」）。特に、インターネットバンキングでは、口座開設の経緯を的確に把握することがむずかしく、金融機関の側から積極的に真の預金者を認定することについても困難を伴うと思われますが（預金者の認定については、Q19参照）、無権利者に払い戻すリスクをとることはできないため、金融機関が慎重に対応すべき場面であることはいうまでもありません。

(2) 犯収法への対応

預金者を認定することができたとしても、金融機関は、犯収法の観点から、別途の対応を要します。

犯収法上、金融機関は、原則として、すでに取引時確認を実施した顧客との取引については、再度の取引時確認を行う必要はなく（犯収法4条3項）、当該顧客が取引時確認済みの顧客であることを確認すれば足ります（犯収法施行令13条2項、犯収法施行規則14条）。

本設問は、預金者が他人の名義を用いて預金口座を開設していたという事例です。この事例の顧客は、なりすまし等の疑いがある顧客に該当すると考えられるので（犯収法施行令13条2項）、金融機関は、例外的に犯収法に基づく取引時確認を実施する必要があります。
　さらに、なりすまし等の疑いがある取引は、いわゆるハイリスク取引としてより厳格な顧客確認措置が求められます（犯収法4条2項）。すなわち、上記の再度の取引時確認に加え、口座開設の際の確認方法とは異なる方法による確認を行う必要があります。また、200万円を超える払戻しや送金を伴う場合には、顧客の資産・収入の状況を確認する必要も生じますので、特に注意が必要です。

3　実務上の対応

　犯収法に照らせば、借名口座であることが判明し、真の預金者を名乗る人物が名義変更を希望した場合には、金融機関には厳格な手続をとる必要が生じます。そこで、実務上は、借名口座であることが判明した場合には、まずは任意に口座を解約するよう促したうえで、解約後の残高については、真の預金者を名乗る人物と名義人とが連署した書面に基づいて払い戻すことが考えられます。
　調査段階で、当該口座の犯罪利用や、なりすましによる口座開設が判明した場合には、疑わしい取引の届出（犯収法8条1項）のほか、約款に基づく口座解約を検討する必要があります。
　これらの手続にあたっては、真の預金者が誰であるかが確定している必要はありませんが、預金者が確定しない場合に、解約時の残高を誰に返還すべきかについては悩ましいところです。この場合には、債権者不確知（民法494条）を理由とする供託を行うことも考えられるでしょう。

38 疑わしい取引

Q インターネットバンキングにおいて、金融機関は疑わしい取引の届出について、どのようなことに注意すべきですか

A インターネットバンキングは非対面取引のため、金融機関は、顧客等との直接的なコミュニケーションにより異常な取引態様を確認しづらいという特有のリスクを抱えていることを認識したうえで、疑わしい取引を的確に検知できるシステムを構築し、届出の要否を適切に判断する必要があることに注意すべきです。

解　説

1　疑わしい取引の届出

　金融機関は、犯収法上の特定事業者として、取引時確認の結果その他の事情を勘案して、①特定業務において収受した財産が犯罪による収益である疑いがある場合、②顧客等が特定業務に関し組織的犯罪処罰法10条の犯罪収益等隠匿罪・麻薬特例法6条の薬物犯罪収益等隠匿罪に当たる行為を行っている疑いがあると認められる場合、すみやかに所定の事項を行政庁に届け出なければならないとされています（犯収法8条1項、2項）。このような届出を疑わしい取引の届出といいます。

　「犯罪による収益である疑いがある」といえるためには、特定の前提犯罪の存在を認識する必要はなく、犯罪による収益である疑いを生じさせる程度のなんらかの前提犯罪の存在の疑いがあれば足りるとされています。また、

そのような判断は、各事案ごとに、当該顧客との間の日頃の取引状況、送金方法・態様等個々の具体的な要素を考慮してなされるものであり、金融機関がその業務の過程で把握している顧客の職業、事業内容等からみて、合理性のない高額の取引、合理性のない頻繁な取引である疑いがあることなどの情報を総合的に考慮して判断されることになるとされています。

　さらに、預金取扱金融機関における疑わしい取引の届出については、金融庁が「疑わしい取引の参考事例（預金取扱い金融機関）」を公表し、①現金の使用形態に着目した事例（多額の現金・小切手により、入出金を行う取引等）、②真の口座保有者を隠匿している可能性に着目した事例（架空名義口座・借名口座であるとの疑いが生じた口座を使用した入出金等）、③口座の利用形態に着目した事例（口座開設後、短期間で多額・頻繁な入出金が行われ、その後、解約・取引が休止した口座に係る取引等）、④債券等の売買の形態に着目した事例（大量の債券等を持ち込み、現金受渡しを条件とする売却取引等）、⑤保護預り・貸金庫に着目した事例（頻繁な貸金庫の利用等）、⑥外国との取引に着目した事例（他国への送金にあたり、虚偽の疑いがある情報・不明瞭な情報を提供する顧客に係る取引等）、⑦融資・その返済に着目した事例（延滞していた融資の返済を予定外に行う取引等）、⑧その他の事例（公務員や会社員がその収入に見合わない高額な取引を行う場合等）を参考事例としてあげています（http://www.fsa.go.jp/str/jirei/）。

　特定取引に当たらない取引についても、たとえば敷居値を若干下回るなどの取引は、当該取引かマネーローンダリング等に利用されるおそれがあることを踏まえ、十分に注意するとされており（犯収法ガイドライン参照）、上記届出を検討する際にも参考になります。

　なお、金融機関は、疑わしい取引の届出を行おうとすること・行ったことを当該疑わしい取引の届出に係る顧客等・その者の関係者にもらしてはならないとされており（犯収法8条2項）、この点にも注意すべきです。

　また、金融機関は、取引時確認や疑わしい取引の届出等を的確に行い、確

認に係る情報を最新の内容に保つための措置や従業員の教育訓練等の体制整備に努めるよう義務づけされており（犯収法10条）、このような継続的顧客管理措置を講じることを通じて、疑わしい顧客や取引等を検出・監視・分析することが求められます。

❷　インターネットバンキングにおける留意点

　インターネットを通じた取引については、非対面で行われるため、異常な取引態様を確認できないといった特有のリスクを抱えているとの指摘がなされています（主要行監督指針Ⅲ－3－8－1、中小地域監督指針Ⅱ－3－5－1）。このような特性からすれば、インターネットバンキングにおいては、通常の銀行取引と比べて、対面での顧客とのコミュニケーションをとるのが困難であるため、金融機関は疑わしい取引を的確に検知できるシステム、たとえば、取引時間帯や取引金額、取引回数等、顧客の一般的な取引パターンから逸脱した取引を検知するシステム等を構築することが、より強く要請されると考えられます。

　そのうえで、実際に届出の要否を判断するにあたっては、金融庁の上記参考事例を参考に、当該顧客との間の日頃の取引状況、送金方法・態様等個々の具体的な要素を考慮して、適切に判断しなければなりません。

39 継続的モニタリング

Q 顧客の属性把握やなりすましを防止するための継続的モニタリングについて、金融機関がインターネットバンキングで注意すべき点は何でしょうか

A インターネットバンキングのような非対面取引においては、顧客等がなりすまし・偽り等を行っているおそれがあることを踏まえ、金融機関は犯収法、犯収法ガイドライン、FATF勧告等に注意して、情報の最新化・顧客属性の把握に努め、リスクベース・アプローチの観点から、より効率的・効果的かつ慎重なモニタリングによって、疑わしい取引を検出することが重要となるでしょう。

解　説

1 犯収法等における継続的顧客管理措置と内部管理体制

　金融機関は、犯収法に従い、的確に取引時確認（犯収法4条）や疑わしい取引の届出（犯収法8条）を行うことが求められています。疑わしい取引の届出を的確に行い、マネーローンダリングやテロ資金供与等に利用されることを防止するためには、すでに取引時確認を行った顧客についても、取引状況等を継続的にモニタリングする必要があります。

　犯収法は、継続的顧客管理措置・内部管理体制として、取引時確認をした事項に係る情報を最新の内容に保つための措置や、使用人に対する教育訓練の実施その他の必要な体制の整備の努力義務を定めています（犯収法10条）。また、なりすまし等の疑いがある取引は、再度の取引時確認を含むより厳格

な顧客確認措置が求められます（犯収法4条2項、Q37参照）。

　さらに、金融機関には、一元的な管理態勢の整備として、取引時確認や疑わしい取引の検出を含め、従業員が発見した組織的犯罪による金融サービスの濫用に関連する事案についての適切な報告態勢（方針・方法・情報管理体制等）や、疑わしい取引の届出を行うにあたって、顧客の属性、取引時の状況その他金融機関の保有している当該取引に係る具体的な情報を総合的に勘案する等適切な検討・判断が行われる態勢の整備が求められています（主要行監督指針Ⅲ－3－1－3－1－2、中小地域監督指針Ⅱ－3－1－3－1－2）。特に、疑わしい取引の届出のために、金融機関の行っている業務内容・業容に応じて、システム、マニュアル等により、疑わしい顧客や取引等を検出・監視・分析する態勢を構築し、かつ、その場合に、国籍、公的地位、顧客が行っている事業等の顧客属性や、外為取引と国内取引との別、顧客属性に照らした取引金額・回数等の取引態様を十分に考慮することが留意点としてあげられています。このような定めは、マネーローンダリング対策において、金融機関がさらされているリスクを評価し、リスクの高いファクターに関する取引についてはより厳格かつ慎重な対応を行うことを旨とするリスクベース・アプローチの考え方に通じるものがあります。

　また、犯収法ガイドラインでは、必要な態勢整備の内容の一つとして、すでに確認した取引時確認事項について、顧客等がこれを偽っているなどの疑いがあるかどうかを的確に判断するため、当該顧客等について、最新の内容に保たれた取引時確認事項を活用し、取引の状況を的確に把握するなどして、十分に注意を払うことを内容とする、顧客等の継続的なモニタリングが求められています。さらに、FATF（資金洗浄に関する金融活動作業部会）の勧告も踏まえて、継続的なモニタリングの内容を検討することも有用でしょう。

2　継続的モニタリングの際の留意点

　継続的モニタリングの具体的な一例としては、金融商品取引業に関するものですが金商業等監督指針Ⅲ－2－6(1)①ロが参考になります。ここでは、継続的モニタリング等により顧客の属性を把握するために講じる措置の例として、①電話番号・電子メールのアドレスが同一である顧客口座の名寄せを定期的に行い、それらのうち、住所や姓の異なる顧客口座、暗証番号が同一の顧客口座を抽出する等の方法を行ったうえで、当該顧客の取引実態の把握や顧客本人への連絡等により、取引の相手方が本人であることを確認する、②住所等の取引時確認情報の変更に関して、たとえば、変更等が生じた場合は金融商品取引業者に連絡が必要であること等を顧客に対して定期的に周知する等の方法により適時把握する、といった具体例が示されています。

　インターネットバンキングのような非対面取引では、取引の顧客等がなりすまし・偽り等を行っているおそれがあることを踏まえ、金融機関は情報の最新化・顧客属性の把握に努め、リスクベース・アプローチの観点から、より効率的・効果的かつ慎重なモニタリングを行うことが必要であると考えられます。たとえば、インターネットバンキングにおいては、メールアドレスは顧客への重要な連絡手段であることから、プロモーションメール等が不着の場合に、金融機関が当該顧客に対して、登録メールアドレスを最新のものに変更するよう促す等の工夫も考えられます。

コラム
供託制度の活用

　供託とは、金銭、有価証券などを法務局などの供託所に提出してその管理を委ね、最終的には供託所がその財産をある人に取得させることによって、弁済などの一定の法律上の目的を達成するための制度です。金融実務上は、弁済供託（弁済者が、債権者のために弁済の目的物を供託することにより債務を免れるもの）が重要です。弁済供託は、①債権者が弁済の受領を拒み、又は受領することができないとき（受領拒絶・不能）と②弁済者が過失なく債権者を確知することができないとき（債権者不確知）に行うことができます（民法494条）。たとえば、暴力団排除条項に基づく預金口座の解約に伴い顧客の登録住所地に送付した預金残高相当の現金書留が不着となった場合には、金融機関は受領不能として供託を行うことが考えられます（Q47参照）。また、警察からの情報提供などにより借名口座が判明し、預金規定に基づき当該口座を解約する場合など真の預金者の認定が困難な場合には金融機関は債権者不確知として供託を行うことも考えられます（Q37参照）。供託手続は技術的な側面を有するため、外部専門家等を活用しながら効果的な供託を行うことが望まれます。オンラインによる供託手続（電子供託）の利用も検討に値するでしょう。

　非対面取引であるインターネットバンキングは顧客の所在・連絡先を把握することや真の預金者を認定することが困難な場合があります。また、インターネットバンキングにおいては、種々のコスト節減をしたうえで業務の効率性を高め、顧客満足度の高いサービスを提供することが要請されます。そこで、口座解約に伴う解約先の事務管理コストを節減、解約先とのトラブル回避、国家機関による安全かつ確実な財産管理の達成などの見地から、金融機関はインターネットバンキングにおいて供託制度を積極的に活用することが考えられます。

VIII

監督・検査対応

40 監督・検査への対応

Q 金融機関はインターネットバンキングでの監督・検査にどのように対応すればよいですか

A 監督指針や金融検査マニュアルは、非対面取引という特殊性を考え、金融機関による内部管理態勢の整備、セキュリティの確保、顧客対応などの観点から注意点を示しています。金融機関は特にこれらの分野について重点的に体制構築を行うことが考えられます。

解説

1 監督指針および金融検査マニュアル

　インターネットバンキングにおいては、利便性の確保、十分なセキュリティ対策、顧客に対する情報提供、啓発・知識の普及などが重要です。主要行監督指針Ⅲ－3－8や中小地域監督指針Ⅱ－3－5はこの観点からインターネットバンキングに関する主な着眼点を示しており、実務上参考になります。また、金融検査マニュアルはシステム管理態勢における情報セキュリティ管理においてインターネットを利用した取引の管理に関する着眼点などを示しています。特に有人店舗をもたず、もっぱら非対面取引を専門に行う銀行については、従来有人店舗が果たしてきた機能を、適正なルール・行内の態勢整備等を行うことにより他の手段で代替する必要があり、ITを活用した新たなサービスの提供にあたっては、一般の利用者が特別の訓練を経ずに安全かつ簡便に利用できるような仕組みを整える必要があります。また、主要行監督指針Ⅶ－1－5は、インターネット専業銀行についての顧客保護

等の観点からの注意点を定めています。なお、金融機関が登録金融機関業務や保険募集業務も行う場合には、金商業等監督指針・金融業者等検査マニュアルや保険会社監督指針、保険会社に係る検査マニュアルも参照して業務運営を行うことが要請されます。

2 内部管理態勢の整備

インターネットバンキングは、金融機関による低コストのサービス提供を可能とし、利用者にとっては利便性の高い取引ツールとなりえます。一方で、取引が非対面で行われるため、異常な取引態様を確認できないことなどの特有のリスクを抱えています。そこで、金融機関は、内部管理態勢の整備の観点から、インターネットバンキングに係る犯罪行為に対する対策等を最優先の経営課題の一つとして位置づけ、取締役会等において必要な検討を行い、セキュリティ・レベルの向上に努めることが要請され、健全かつ適切な業務の運営を確保するため、行内の各部門が的確な状況認識を共有し、金融機関全体として取り組む態勢を整備することも肝要です。その際には、犯罪の発生状況などを踏まえ、自らの顧客や業務の特性に応じた検討を行うことが考えられます。なお、リスク分析、セキュリティ対策の策定・実施、効果検証、評価・見直しといったPDCAサイクルを機能させることも重要です。

3 セキュリティの確保

インターネットバンキングは、システムを経由して取引が行われるため、セキュリティの確保が強く要請されます。そこで、金融機関は、体制の構築時・利用時の各段階におけるリスクを把握したうえで、自らの顧客や業務の特性に応じた対策を講じる必要があります。個別の対策を場当たりで講じるのではなく、セキュリティ全体の向上を目指すとともに、リスクの存在を十分に認識・評価したうえで対策の要否・種類を決定することが肝要です。インターネット等を利用した取引においては、非対面性、トラブル対応、第三

者の関与等の問題が特に顕在化する可能性があるため、たとえば、システムリスク管理部門が当該取引のリスクの所在を理解し、当該リスクを認識・評価することが考えられます。

また、インターネットバンキングに係る情報セキュリティ全般に関するプログラムを作成し、必要に応じて見直す体制を整えることも肝要です。特に、本人認証については、個々の認証方式の各種犯罪手口に対する強度を検証したうえで、個人・法人等の顧客属性を勘案し、たとえば、可変式パスワードや電子証明書といった、固定式のID・パスワードのみに頼らない認証方式の導入を図るなど、取引のリスクに見合った適切な認証方式を選択する方法が考えられます。

金融機関は、システムのダウン・不具合により、適正な処理がなされなかった場合、それを補完する態勢を整備することやシステムダウン等が発生した場合の責任分担を明確に定める対応を行うことが考えられます（Q41参照）。

さらに、金融機関の対応として、顧客情報の漏えい、外部侵入者・内部の不正利用による顧客データの改ざん、書換え等を防止する態勢の整備や顧客との取引履歴等について改ざん・削除等されることなく、必要に応じて一定期間保存することなどが考えられます。

インターネット専業銀行については、システムのセキュリティのレベルが十分な水準に達していることやシステムの安全管理体制（外部委託先の管理を含みます）や障害発生時の危機管理体制等が適切に講じられていること（外部機関からの評価書類の提出）が要請されています。

セキュリティに関する基準策定やリスク把握にあたっては、「金融機関等コンピュータシステムの安全対策基準・解説書」（金融情報システムセンター）や金融庁主催の「情報セキュリティに関する検討会」における検討資料などが参考になります。

なお、金融機関にはホームページのリンクに関し、利用者が取引相手を誤

認するような構成にならないようにすることも要請され、たとえば、リンク等によって生じ得るサービス提供主体についての誤認を防止するための対策を講じることが考えられます。また、フィッシング詐欺対策については、利用者がアクセスしているサイトが真正なサイトであることの証明を確認できるような措置を講じる等、業務に応じた適切な不正防止策を講じることが重要です（Q45参照）。

4 顧客対応

　インターネットバンキングでは、非対面であるためなりすましなどの不正行為が行われる可能性があり、また、顧客に対する口頭での説明ができないため、対面取引以上に顧客に対する説明・注意喚起や顧客との円滑なコミュニケーションの確保が重要になります。そこで、たとえば、インターネット上での暗証番号等の個人情報の詐取の危険性、類推されやすい暗証番号の使用の危険性、被害拡大の可能性（対策として、振込限度額の設定等が考えられます）等、さまざまなリスクについて、顧客に対する十分な説明態勢を整備することが重要となります。また、顧客自らによる早期の被害認識を可能とするため、顧客が取引内容を適時に確認できる手段や利用者自身が使用状態を確認できる機能を設けるなど、利用者を不正使用から保護する手段を講じること、顧客からの届出をすみやかに受け付ける体制や必要に応じた顧客へのすみやかな周知（公表を含みます）を可能とする態勢を整備することが金融機関に要請されます。特に、被害にあう可能性がある顧客が特定可能な場合は、可能な限り迅速に顧客に連絡するなどして被害を最小限に抑制するための措置を講じることが肝要です。

　不正取引に係る損失の補償については、預金者保護法の趣旨を踏まえ、利用者保護を徹底する観点から、顧客対応方針等を定めるほか、真摯な顧客対応を行う態勢が整備されることが要請されます。また、不正取引に関する記録を適切に保存するとともに、顧客や捜査当局から当該資料の提供などの協

力を求められたときは、これに誠実に協力することが要請されます。

さらに、顧客の利便性の向上のために、金融機関の財務や業務の内容に関する情報・インターネットを利用した取引において提供するサービスの内容について、たとえばホームページにおいてディスクロージャー誌などにおいて開示するような対応が考えられます。

特に、インターネット専業銀行においては、無店舗営業であっても適切に対応し得るための顧客からの苦情・相談の対応やシステムダウン等に伴う顧客対応、法令に基づく顧客への説明、マネーローンダリング防止等の観点から取引時確認や疑わしい取引の届出の履行に係る態勢の整備をすることが別途要請されると考えられます。

5 その他の注意事項

インターネットバンキングは、人件費を削減するなどコストを抑えるビジネスモデルであり、対面取引中心のビジネスモデルよりも必然的に外部委託の割合が大きくなります。また、外部委託の大半は業務の根幹となるシステムに関するものであることが多く、外部委託先の管理が非常に重要です。そこで、インターネットバンキングに関し、外部委託がなされている場合、外部委託に係るリスクを検討し、必要なセキュリティ対策を講じることが要請されます（Q42参照）。

また、インターネット専業銀行は、顧客層が金利等の条件に敏感であることや取引の解約・変更が容易になされ得るとの特性を有します。そこで、顧客の一時大量流出に備えた流動性確保のための方策を確立することも肝要です。

インターネットバンキングを運営するにあたっては全銀協IB留意事項も参考になります。

41 システム障害時の対応・顧客からの苦情への対応

Q インターネットバンキングのシステム障害の未然防止・システム障害発生時の対策として、金融機関はどのような点に注意すべきですか。また、金融機関は、システム障害発生時における顧客からの問合せや苦情に対応する態勢の整備はどのようにすればよいですか

A システム障害を予防するためには、金融機関がシステムリスク管理態勢を充実強化し、リスクに対して十分な対応策を講じておくことが重要です。システム障害発生時には、直ちに当局に報告を行うとともに、システムリスク管理態勢・緊急時体制に基づき対応を行うことが必要です。

また、金融機関は、平常時において、パンフレットや自行庫のホームページ上などに、システム障害発生時における電話番号等の連絡先を記載するなどの対応を行うほか、災害時に発動できるようなバックアップシステムを用意しておき、システム障害発生時においては、すみやかに障害状況や代替手段を周知することが可能な態勢を整備しておくことが肝要であると考えられます。

解 説

1 システム障害

(1) システム対策の重要性

インターネットバンキングは、金融機関がコンピュータ・システムを利用して顧客にサービスを提供するものであり、システムへの依存度が高くなっ

ています。そこで、金融機関においてはコンピュータ・システムのダウン・誤作動等、システムの不備等に伴い金融機関が損失を被るリスク、さらにコンピュータが不正に利用されることにより金融機関が損失を被るリスク（以下「システムリスク」といいます）の管理態勢を対面取引の業務に比べてより充実強化し、リスクに対して十分な対応策を講じておくことが重要です（主要行監督指針Ⅲ－3－7、中小地域監督指針Ⅱ－3－4、金商業等監督指針Ⅷ－1、Ⅲ－2－8参照）。

(2) システム障害を予防するための対策

　まず、代表取締役や理事長等は、システム障害の未然防止と発生時の迅速な復旧対応について、専門家任せにはせずに、経営上の重大な課題と認識し、態勢を整備することが重要です。全行的なリスク管理の基本方針を策定し、態勢を整備し、システムに関する十分な知識・経験を有し業務を適切に遂行できる者を、システムを統括管理する役員として定める必要があります。また、役員がシステム障害発生等の危機時において、果たすべき責任やとるべき対応についても具体的に定めておくとともに、自らが指揮をとる訓練を行うなどしてその実効性を確保することが肝要です。

　システムリスク管理態勢として、内容について客観的な水準が判定できるものを根拠としてシステムリスク管理体制を整備する必要があり、システム障害等の把握・分析、リスク管理の実施結果や技術進展等に応じて、不断に見直しを実施すべきであり、定期的にまたは適時にリスクを評価・認識し、洗い出したリスクに対し十分な対応策を講ずることが必要です。すなわち、適切なリスク管理態勢が確立されたといえるためには、システムリスクの基本方針が定められ、管理体制が構築されていることが要請されます。

　また、システム障害が発生した場合に、顧客に対し無用の混乱を生じさせないよう緊急時体制を構築しておく必要があり、たとえば、システム障害の発生に備え、外部委託先を含めた報告態勢、指揮・命令系統を明確にしてお

くことが重要です。さらに、経営に重大な影響を及ぼすシステム障害が発生した場合に、すみやかに代表取締役・理事長をはじめとする役員に報告するとともに、報告にあたっては、最悪のシナリオのもとで生じ得る最大リスク等を報告する態勢の構築やシステム障害の発生に備え、ノウハウ・経験を有する人材をシステム部門内、部門外・外部委託先等からすみやかに招集するために事前登録を行うなど、応援体制を明確にすることなどに注意すべきです。

なお、インターネットバンキングのほか、店舗やテレフォンバンキングも併用して行うような金融機関については、システム障害が発生し、インターネットバンキングでの取引ができなくなった場合の代替手段をホームページに表示するなどして顧客に知らしめる対応も考えられます。

(3) システム障害発生時の対応

システム障害発生時には、金融機関が現に使用しているシステム・機器（ハードウェア、ソフトウェア）に発生した障害であって、(a)預金の払戻し、為替等の決済機能に遅延、停止等が生じているもの・そのおそれがあるもの、(b)資金繰り、財務状況把握等に影響があるもの・そのおそれがあるもの、(c)その他業務上、上記に類すると考えられるものが発生した場合には、金融機関は、原因のいかんを問わず、直ちに、その事実を当局宛報告するとともに、障害等発生報告書を当局宛てに提出することが要請されます（主要行監督指針Ⅲ－3－7－1－3、中小地域監督指針Ⅱ－3－4－1－3等）。金融機関は、報告項目である障害の発生日時・場所、サービスへの影響、障害原因、対象システム、被害状況等、対応状況（復旧までの対応、対外説明）、事後改善策について適宜記録・検討しておくことが重要と考えられます。

金融機関は、当局に対する報告のほか、利用者に与える影響の大きさにかんがみ、システムリスク管理態勢の一つとして事前に構築された緊急時体制に基づき、すみやかに問題の解決に図るべく対応を行うとともに、障害の内

容・発生原因、復旧見込等について公表するとともに、顧客からの問合せに的確に対応するため、必要に応じ、コールセンターの開設等を迅速に行うことが肝要です。

(4) 業務改善命令等

過去にはシステム障害を理由に銀行や銀行持株会社に対して業務改善命令が発出されたことがあります（銀行法26条1項、52条の33）。また、登録金融機関業務に関して金融機関にシステム障害が発生した場合、当該「業務の運営の状況が、電子情報処理組織の管理が十分でないと認められる状況」（金商法40条2号、金商業等府令123条1項14号）に該当してしまうと、金商法に抵触することとなり、業務改善命令（金商法51条の2）等の処分が下される可能性があります。登録金融機関は、上記のような「状況」があると認定されないよう金商業等監督指針Ⅷ-1、Ⅲ-2-8に従って態勢を構築することが重要です。

2 システム障害発生時における顧客からの問合せや苦情に対応する態勢の整備

金融商品・サービスはリスクを内在することが多いことに加え、インターネットバンキングにおいては、顧客は対面での苦情を行うことができないため、顧客からの苦情等へ適切に対応することが特に肝要となります。

金融機関は、顧客から申出のあった苦情等に対し、迅速・公平かつ適切に対処すべく内部管理態勢を整備する必要があります。そして、苦情等に係る担当部署、その責任・権限・苦情等の処理手続の策定、苦情等の解決に向けた進捗管理、苦情等・その対処結果等を類型化したうえでの内部管理部門や営業部門への報告、苦情等の迅速な解決を図るべく、外部機関等に対し適切に協力する態勢の整備などが要請されます（主要行監督指針Ⅲ-3-5、中小地域監督指針Ⅱ-3-2-6、Ⅴ-1-2、金商業等監督指針Ⅷ-1、Ⅲ-2-

5参照)。

　特に、インターネットバンキングでは、非対面であるとの特性から、問合せ・相談窓口の設置とその顧客宛周知の実施が重要となります。

　そのため、金融機関がシステム障害発生時における電話番号等の連絡先を、キャッシュカード、トークン、あるいは顧客が常に携帯することが想定される代替物に記載するなどの方法により連絡先を告知しておくことが肝要と考えられます。また、平常時において、パンフレットおよび自行庫のホームページ上（必要に応じて取引画面上）などに、システム障害時における電話番号等の連絡先を記載する対応も考えられ、問合せ・相談窓口として、自行庫の窓口を記載するほか、苦情処理、紛争解決処理を行う外部機関の連絡先や当該機関のホームページのリンク等を表示することが考えられます。その他、平常時において、ホームページに充実した操作マニュアル、FAQを設け、システム障害発生時に想定される顧客からの問合せや苦情のうち典型的なものを表示する対応も有用でしょう。

　さらに、金融機関は、システム障害発生時において通常のシステムではインターネットに接続できない事態に備え、システム障害発生時に発動できるようなバックアップシステムを用意しておくことや、緊急用に対面取引を可能にする事務フローの整備や、店舗のある金融機関とあらかじめ提携しておくなどの対応が考えられます。

　以上のような態勢整備を行うことに加え、実際に自行庫のシステム障害が発生した際に、顧客に対し、店舗やメディア等を通じた方法にて、すみやかに障害状況や代替手段を周知することが可能な態勢を整備しておくことが金融機関にとって肝要であると考えられます。

42 外部委託の際の注意点

Q インターネットバンキングで業務を外部委託する場合、どのような点に注意すべきでしょうか

A 金融機関は、顧客等に関する情報管理が適切に行われているかといった顧客保護の観点からの態勢整備、外部委託先との契約内容・リスク管理等、銀行経営の健全性の確保の観点から必要な態勢整備を十分に図るとともに、必要なセキュリティ対策を講じることに注意すべきです。

解説

1 法令に基づく注意点

　インターネットバンキングは、金融機関による低コストのサービス提供を可能とし、利用者の利便性を高めるものです。そこで、対面の場合に比べ、システムへの依存度が強く、また、システムの専門性やコストの抑制の観点から業務を行うために必要な事務の外部委託が非常に重要になります。

　一方で、銀行の業務には公共性があり、健全かつ適切な運営が期待されます（銀行法1条）。そこで、銀行が外部委託を行う場合、その顧客を保護するとともに、外部委託に伴うさまざまなリスクを適切に管理するなど業務の健全かつ適切な運営を確保することが特に求められます。そして、銀行には、委託業務の的確な遂行を確保するための措置を講じることが要請されています（銀行法12条の2第2項）。

　具体的には、銀行は、その業務を第三者に委託する場合、当該業務の内容に応じ、以下の①～⑤に掲げる措置を講じなければなりません（銀行法施行

規則13条の6の8)。

① 的確、公正かつ効率的な遂行を可能する者に当該業務を委託するための措置
② 当該業務の受託者における当該業務の実施状況を、受託者が当該業務を的確に遂行しているかを検証し、受託者に対する必要かつ適切な監督等を行うための措置
③ 受託者が行う当該業務に係る顧客からの苦情の適切かつ迅速な処理に必要な措置
④ 受託者が当該業務を適切に行うことができない事態が生じた場合には、他の適切な第三者に当該業務をすみやかに委託する等、当該業務に係る顧客の保護に支障が生じること等を防止するための措置
⑤ 銀行の業務の健全かつ適切な運営を確保し、当該業務に係る顧客の保護を図るため必要がある場合には、当該業務の委託に係る契約の変更・解除をする等の必要な措置を講ずるための措置

2 監督指針に基づく注意点

(1) 銀行法の定めを受け、主要行監督指針Ⅲ-3-3-4や中小地域監督指針Ⅱ-3-2-4は、顧客保護の観点から以下の態勢整備(委託契約等で外部委託先に対して態勢整備を求めることも含まれます)を図ることを求めています。そこで、銀行が外部委託契約を締結する際には契約条件に加えて下記留意事項が盛り込まれているかを確認することが重要です。
① 委託契約によっても当該銀行と顧客との間の権利義務関係に変更がなく、当該銀行自身が業務を行ったのと同様の権利が確保されていることを顧客に対し明らかにすること
② 委託業務に関して契約どおりサービスの提供が受けられないときに、銀行において顧客利便の支障の発生を未然に防止するための態勢整備を行うこと

③　外部委託先における目的外使用の禁止も含めて顧客等に関する情報管理を整備し、外部委託先に守秘義務を課すこと
④　個人である顧客に関する情報の取扱いを委託する場合、銀行法施行規則13条の6の5に基づき、その外部委託先の監督について、当該情報の漏えい、滅失・き損の防止を図るために必要かつ適切な措置として金融庁GL12条、実務指針Ⅲの規定に基づく措置を講じること
⑤　外部委託先の管理について、責任部署を明確化し、外部委託先における業務の実施状況を定期的・必要に応じてモニタリングする等、外部委託先において顧客等に関する情報管理を適切に行うこと
⑥　外部委託先において漏えい事故等が発生した場合に、適切な対応がなされ、すみやかに委託元（銀行）に報告される体制を構築すること
⑦　外部委託先による顧客等に関する情報へのアクセス権限について、委託業務の内容に応じて必要な範囲内に制限し、外部委託先においてアクセス権限が付与される役職員・その権限の範囲を特定すること。さらに、アクセス権限を付与された本人以外が当該権限を使用すること等を防止するため、外部委託先において定期的・随時に、利用状況の確認等、アクセス管理の徹底を図ること
⑧　2段階以上の委託が行われた場合には、外部委託先が再委託先等の事業者に対して十分な監督を行い、必要に応じ、再委託先等の事業者に対して自社による直接の監督を行うこと
⑨　クレーム等について顧客から銀行への直接の連絡体制を設けるなど適切な苦情相談態勢を整備すること
　　なお、外部委託に個人顧客情報が含まれる場合には、金融庁GL12条や実務指針Ⅲに定める委託先選定基準の策定項目や委託契約に盛り込むべき安全管理に関する内容等に注意することが肝要です。

(2)　また、上記監督指針では、①リスク管理、②外部委託先の選定、③契約

内容、④銀行に課された法令上の義務等、⑤銀行の管理態勢、⑥情報提供、⑦外部委託業務についても監査対象とすること、⑧緊急対応、⑨グループ会社への外部委託などの項目を銀行の経営の健全性の確保の観点から総合的な検証を行い、必要な態勢整備を図ることも求められています。

　たとえば、②では、銀行経営の合理性の観点からみて十分なレベルのサービスの提供を行い得るか、契約に沿ったサービス提供や損害等負担が確保できる財務・経営内容か、銀行のレピュテーション等の観点から問題ないか等の観点から、外部委託先の選定を行うことが示されています。たとえば、近時活用が進んでいるクラウドサービスは、通常、サービス提供業者が、汎用的な業務処理を複数の利用企業に提供しているため、利用コスト等の面で優れるメリットがある一方、金融機関別の専用システムの場合と比べて、監査に必要な情報を得にくい、データの保管場所が不明確な場合がある等の特徴があるため、外部委託先として選定する際には、当該特徴などを考慮し、必要な情報へのアクセスの容易性・データの保管場所の明確性などが確保できる外部委託先を選定することが肝要です。たとえば、海外にデータを保管する場合、米国愛国者法等システム停止等の制限をする規制の有無や内容につき考慮することが考えられます。

　また、③については、(a)提供サービスの内容・レベルならびに解約等の手続、(b)サービスが提供されない場合における外部委託先の責務・委託に関連して発生するおそれのある損害の負担の関係、(c)委託業務・それに関する外部委託先の経営状況に関して外部委託先より受ける報告内容や(d)金融当局の銀行に対する検査・監督上の要請に沿って対応を行う際の取決めの項目について明確に示すことが留意項目となっています。

(3)　さらに、主要行監督指針Ⅲ－3－8、Ⅶ－1－5は、インターネットバンキングに関し、外部委託がなされている場合の留意点として外部委託に係るリスクの検討、必要なセキュリティ対策を講じることやシステムの安全管

理体制を適切に講じる際に外部委託先の管理を行うことが掲げており、当該リスク検討やセキュリティ対策を特に重視すべきと考えます。

❸ 委託契約の内容

　金融機関が外部委託を行うにあたっては、外部委託先との間で締結する委託契約の内容についても留意する必要があります。特に、平成25年の銀行法改正が施行された後は、銀行からの業務の再委託先や再々委託先も当局による報告徴求や立入検査の対象となることから（改正後の銀行法24条、25条参照）、銀行としては、再委託の条件や再委託先、再々委託先のコントロール、監督について特に注意する必要があります。

　金融機関のシステム開発を行う主体が事実上限られていること、特にシステム開発等についてはその専門性が高く外部委託先を代替させることが事実上困難であることから、システムベンダーなどの委託先から提示される契約のひな型にて委託契約（準委任契約）の締結を強いられることも想定されますが、銀行として、委託契約の内容・リスクについて十分に検証のうえ、委託契約を締結することが肝要です。なお、銀行と大手システム開発会社との間で締結された次世代型金融システム開発に関する委託契約においては、システム開発が中止に至ったことにつき、外部委託先にプロジェクト・マネジメント義務違反があるとして巨額の損害賠償を認めた裁判例もあるところであり（東京高判平成25年9月26日金判1428号16頁）、システム開発の成果物実現の不確実性、複雑化に起因して同種事案の紛争の多発が予想されます。そこで、金融機関は、このような観点からも、委託契約の締結にあたって当事者の責任・リスクの明確化等に注意することが肝要です。委託の内容に応じて利用するなど内容の吟味は必要ですが、経済産業省が公表している「情報システム・モデル取引・契約書」等が実務上参考になります。

　もっとも、同契約書は、ベンダー寄りの内容も含まれているので、契約締結に際しては、外部専門家に確認することが有益でしょう。

IX

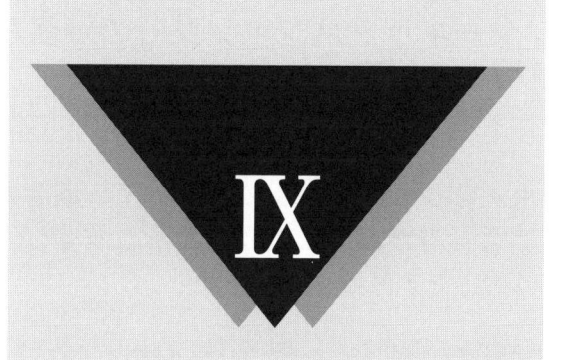

インターネットバンキングでの顧客満足度向上とセキュリティ対策

43 インターネットバンキングでの顧客からの問合せ等への対応

Q インターネットバンキングにおいて、顧客からどのような問合せ等があることが考えられますか。金融機関はどのように対応をすればよいですか

A インターネットバンキングにおいては、パスワード・暗証番号に関する問合せのほか、ウェブサイトでの操作方法に関する問合せ等があることが考えられます。また、金融機関の対応としては顧客の申出から改善策実施のモニタリングまで一貫したサポートを行うことが重要です。

解 説

1 想定される顧客からの問合せ等

　インターネットバンキングにおける問合せは、暗証番号のように店舗窓口への顧客の問合せと共通するものも多いですが、ウェブサイトでの手続が中心となることから、パソコンの操作方法やインターネットバンキングのウェブサイトまでのアクセス手順などについても問合せがあることが想定されます。この場合、顧客は必ずしもインターネットに詳しいとは限らないので、金融機関が平易な言葉でわかりやすい案内をすることが重要といえます。また、インターネットバンキングを行うにあたっては、ID、パスワードが必要となり、また、金融機関によっては取引に応じて、第二暗証、第三暗証が必要になります。

　想定される問合せの一例としては、パスワード・暗証番号の再発行・不明・失念・変更に伴う手続に関するもの、カードの紛失・盗難・再発行・事

故解消に伴う手続に関するもの、各種サービスの利用方法、パソコン、スマートフォンの操作方法に関するもの、口座開設の手続方法、必要書類の確認、提出方法に関するもの、顧客情報変更（住所、メールアドレスなど）の申出に関するもの、提携ATM設置場所や操作方法に関するものなどが考えられます。

　また、問合せの窓口については、インターネットが障害なく利用できる状況のもとでは、電子メールによるやりとりのみで対応できるケースもありますが、システム・ネットワークに問題がある場合や問合せの内容によっては、電話等により対応することが望ましい場合もありますので、金融機関は電子メール受付窓口のほか、コールセンターの設置など電話による受付体制を整備しておくことが必要と考えられます（金融電子取引・監督行政報告参照）。また、店舗での対面取引とインターネットバンキングを併用している場合には、店舗での対応を行うことも考えられます。

2　金融機関における対応

(1)　顧客サポートの流れ

　顧客からの申出受付から解決・改善までの流れは一般的には以下のような流れが考えられます。

① 　顧客からの申出受付と対応
② 　顧客からの申出内容の記録
③ 　顧客からの申出内容の分析等
④ 　改善策の立案・実施
⑤ 　改善策実施状況のモニタリング

(2)　顧客からの申出受付と対応

　顧客からの申出受付に際しては、金融機関は顧客の立場を尊重して誠実に応対すること、顧客の声を真摯に傾聴し顧客の真意を把握することなどに注

意して対応を行う必要があります。顧客からの一般的な問合せ等への回答は、正確かつ適切に行う必要があります。また、紛失・盗難等の事故連絡の場合等、特に迅速な対応が求められるものについては、顧客の心情を配慮し、スムーズな対応を心がけ、受付の待ち時間を少なくするような工夫が必要です。

　問合せ等への対応は受付部署の担当者が行うことになると考えられますが、上席者による対応が望ましい場合もあるので、上席者へのエスカレーションの方法等を事前に定めておくことが望ましいでしょう。ただし、上席者にエスカレーションした場合等、受付者が変更した場合には、顧客の申出内容を正確に申し送り、顧客に何度も同じ説明をさせないようにすることが必要と考えられます。

　また、インターネット専業銀行におけるインターネットバンキングでは対面での窓口がないため、顧客からの連絡チャネルとしてカスタマーセンターへの連絡は特に重要となります。顧客の待ち時間を削減するため、適正な人員配置を行い、オペレーターの応対品質を向上させるために、定期的に研修や商品・サービスに関する勉強会を実施するといった対応も必要と考えられます。また、金融機関が店舗での対面取引とインターネットバンキングを併用している場合には、インターネットバンキングに関する問合せについて、どの部署（コールセンター、店舗等）がどのように対応を行うのか等の業務フローを決めておくことも重要と考えられます。

(3) **顧客からの申出内容の記録**

　顧客の申出内容・金融機関の応対内容は正確に記録し、これを保存しておく必要があります。具体的な対応としては電話を受けた担当者が記録を作成し、上席者が確認するといった対応のほか、音声録音をしておく等の対応が考えられます。

(4) 顧客からの申出等の分析等

　顧客からの申出は、金融機関における顧客の利便性向上や業務改善の機会です。そのため、顧客からの申出をさまざまな角度から分析することが重要です。また、顧客満足度向上に関する業務を統括する部署は、顧客からの申出への対応については進捗管理を適時適切に行い、必要に応じて関連部署と連携し、早期解決を推進することが重要と考えられます。

(5) 改善策の立案・実施

　改善案の策定にあたっては、金融機関は顧客の申出内容の分析により、真の原因を特定して同種の申立が今後発生しないような仕組みを構築することを主眼として改善策の策定を行います。改善策を実施した場合の顧客へのフィードバックの方法については、個別に電話やメールで対応を行う方法のほか、インターネットバンキングではウェブサイトに改善内容を掲載する方法も考えられます。また、頻度の高い質問についてはウェブサイトに表示するFAQの内容を充実させる、質問を追加するなどの改善も考えられます。また、従業員への研修、教育を通じてITリテラシーを向上させることが重要です。

(6) 改善策実施状況のモニタリング

　改善策の実施が適切に行われているか、または改善策の定着化が図られているかどうかを金融機関がモニタリングすることも重要です。

3　想定される具体例

　想定される具体例としては、たとえば、顧客から口座開設をスムーズにしたいという申出があることが考えられます。この場合、金融機関は顧客からの申出や顧客にとって不便と感じる部分などを聴取したうえで、正確に記録を行います。あわせて、顧客からの申出内容ごとに分類し、たとえばこの場

合は「要望」として分類する対応が考えられます。次に申出内容の分析を行います。インターネットバンキングでは、口座開設時の本人確認資料などの必要書類のやりとりは郵送で行っていることから、窓口での対応に比べて、口座開設に時間と手間がかかることが原因の一つであると分析することが考えられます。これに対する改善案の例としては、本人確認資料の画像をアプリ等を用いてアップロードする方法が考えられます。そのうえで口座開設までの詳細なフローを作成し、金融機関内の関連部署と協議のうえ、外部専門家を通じたリーガルチェックを行うほか、セキュリティ対策、顧客利便性向上につながるかどうかの検証を行います。金融機関が改善策をリリースするときにはウェブサイト等で顧客に告知をすることが考えられます。改善策のリリース後は、顧客からの反響や意見などを確認し、効果検証を行うことが考えられます。

44　フィッシング関係

Q　金融機関はフィッシングにはどのように対応すればよいですか

A　フィッシングの事前対策として、①利用者が正規メールや正規ウェブサイトかを確認できるようにしておくこと、②本人確認の強化、③フィッシング対応の体制整備、④被害拡大防止のための工夫、⑤利用者への啓発活動を行うことが考えられます。

　実際にフィッシング被害が発生してしまった事後の対応については、①フィッシングサイトのすみやかな閉鎖、②利用者への正確な情報開示、③関係機関への連絡、④被害にあった利用者への補償といった点に注意する必要があります。

　また、フィッシングは犯罪ですので、捜査機関との連携・協力が必要になります。

解　説

1　フィッシング

　フィッシングとは、金融機関等の企業を装って、ユーザーネーム、パスワード、アカウントID、ATM暗証番号、クレジットカード番号といった個人情報を不正に入手することをいいます。インターネットバンキングとの関係では、このようにして不正に入手した情報を悪用し、無権限者による預金の不正払戻しが行われる等の被害が出ています。

2 フィッシングの手口

フィッシングの手口はさまざまで、これからも多様化していくことが考えられます。現時点で確認されている主なフィッシングの手口は以下のとおりです。

(1) フィッシングサイトにアクセスさせる手口

金融機関等の企業を装って、利用者にメールを送付し、メール内に貼りつけてあるリンク先をクリックするよう促すことで、利用者をフィッシングサイトにアクセスさせ、個人情報を入力させて不正に取得する手口です。

たとえば、「セキュリティ強化のため緊急に認証作業を行っています。認証作業を怠るとネット取引ができなくなります」などと利用者の不安を煽る文面でフィッシングサイトに誘引することがあります。

(2) ウィルスを使用する手口

利用者のパソコンをウィルスに感染させて、利用者が金融機関等の正規のサイトを立ち上げた際に、不正な画面を表示させ、その画面に個人情報を入力させて不正に取得する手口です。

たとえば、ログイン画面に本来入力の必要のない暗証番号の入力を要求したり、「システムアップデートのため入力が必要です」などと書かれた不正画面を表示させ、パスワードや暗証番号等の入力を要求することがあります。

3 フィッシング対応

フィッシング詐欺被害が発生した場合、利用者のみならず、正規ウェブサイトを管理する金融機関も、利用者に対する被害補償を行ったり、正規ウェブサイト利用への不安からの利用者離れ等の被害を受けることになります。

そこで、以下、フィッシング対策ガイドライン2013年度版（フィッシング対策協議会　https://www.antiphishing.jp）に基づき、金融機関においてとるべきフィッシング対応について説明します。

(1) **事前の対策**
① **正規メール・正規サイトかを確認できるようにすること**
　(a)　電子署名の使用
　　　銀行等の企業から利用者にメールを送付する場合には、電子署名付きのメールを送付するようにすることで、メールの作成者が誰かを利用者が確認することができます。
　(b)　サイトの正当性検証機能・高度な暗号化通信の使用
　　　正規ウェブサイトで入力する個人情報やクレジットカード情報などを暗号化し、安全に送受信する技術であるSSL/TLSを使用することで、盗聴のリスクを避けることができ、また、同技術は、正規ウェブサイトを運営する企業等の身元を確認できる機能を備えていることから、利用者が正規ウェブサイトの正当性を確認することができます。
　(c)　正規の場合について周知徹底
　　　正規にメールを送付する場合や、正規に個人情報の入力を求める場合がどういった場合かについて、銀行等の企業が利用者に対して周知徹底させることで、フィッシングメールの送付を受けたとしても、利用者に個人情報を入力することを思いとどまらせる一助となります。
② **本人確認の強化**
　　インターネットバンキングは対面取引ではないことから、ログイン時や資金移動を伴う取引を行う際に、複数の暗証番号を要求したり、1回限りで無効となるワンタイムパスワードによる認証を行う等、本人確認を強化することで、無権限者による不正利用の防止に資することになります。

③ フィッシング対応の体制整備

利用者からのフィッシング詐欺に関する届出窓口を設置し、フィッシングサイトの閉鎖や捜査機関への協力等関係機関との連携ができる体制を整備しておく必要があります。

④ 被害を拡大させないための対策

インターネットバンキングによる資産移動に限度額を設定することで被害額を抑制し、資産移動時に顧客に通知を行うことやアクセス履歴を表示することによって、被害の早期発見を促し、被害拡大を防ぐことにつながります。

⑤ 利用者への啓発活動

利用者側での注意や対策が大事ですので、金融機関が利用者に対して、フィッシングについて注意喚起と対策に関する啓発活動を行うことも重要です。

(2) 事後の対応

① フィッシングサイトの閉鎖

フィッシング被害が発覚した場合、金融機関は、すみやかにフィッシングサイト閉鎖に向けて動く必要があります。具体的には、フィッシングサイトが属しているIPアドレスブロックを管理しているISP（インターネットサービスプロバイダ）に連絡をとって交渉を行い、フィッシングサイトを閉鎖することになります。

また、専門機関であるJPCERTコーディネーションセンターにフィッシングサイトの閉鎖依頼を行うことも考えられます。特にISPが海外の事業者である場合には、支援要請を行うことが望ましいです。

そのほか、フィッシング被害に備えて、フィッシング詐欺被害対応サービス事業者と契約を結んでおくことも考えられます。

② 利用者への正確な情報開示

　フィッシング被害が発覚した場合、フィッシングサイト閉鎖と並行して、すみやかに利用者に対して正確な情報を開示し、被害拡大を防ぐ必要があります。

　フィッシング被害が発生したことや、その具体的な手口等を開示し、利用者がフィッシングサイトにアクセスしないよう注意を促します。利用者への通知方法は、メールによる通知や、正規サイトでの掲示、報道機関等各種メディアへの告知等複数用いることが望ましく、被害が深刻な場合には、電話や郵便の利用も考える必要があります。

③ 関係機関への連絡

　また、金融機関は警察等の関係機関への連絡を行い、捜査協力等行っていくことになります。

④ 利用者への補償

　フィッシング等でインターネットバンキングによる預金等の不正払戻しが行われた場合、一定の要件のもと、金融機関が利用者に対して補償を行う運用がされています。

　全銀協不正払戻対応によれば、利用者の信頼確保のため、銀行に過失がない場合でも、利用者の責任によらずに被害に遭った場合であれば、金融機関へのすみやかな通知、金融機関への十分な説明・捜査当局への真摯な協力を要件に、銀行は補償を行うとされています（Q21参照）。

　全銀協が行ったアンケート結果（「「インターネット・バンキングによる預金等の不正払戻し」等に関するアンケート結果」）によれば、インターネットバンキングによる預金等の不正払戻し事件は、2011年度で88件発生しており、うち、銀行が補償を行ったのは83件（対応方針未定が2件）、2012年度で108件発生しており、うち、補償を行ったのは94件（対応方針未定が8件）、2013年度（2013年9月まで）で371件発生しており、うち、補償を行ったのは237件となっています。

4 フィッシング犯罪

　フィッシング犯罪については、その態様・段階によって、さまざまな刑事罰が科せられることになります。

　フィッシングサイトを公開したり、フィッシングメールを送付する行為は、不正アクセス行為の禁止等に関する法律（以下「不正アクセス禁止法」といいます）7条、12条4号で、1年以下の懲役又は50万円以下の罰金とされます。また、不正に入手した個人情報を用いて金融機関のサイトに不正にログインした場合、不正アクセス禁止法3条、11条で、3年以下の懲役または100万円以下の罰金に、さらに、不正送金した場合には、電子計算機使用詐欺罪（刑法246条の2）として、10年以下の懲役に処せられます。

　また、2011年に、コンピュータ・ウィルスに関する罪（刑法168条の2、168条の3）が新設され、コンピュータ・ウィルスを作成、提供、実行の用に供した場合には、3年以下の懲役または50万円以下の罰金に、ウィルスを取得・保管した場合には、2年以下の懲役または30万円以下の罰金に処せられることが定められています。

　警察庁によれば、2012年の不正アクセス禁止法違反の検挙数は543件、電子計算機使用詐欺が95件、コンピュータ・ウィルスに関する罪が41件で、前年と比べ検挙数は増加傾向にあります（2013年3月28日警察庁「平成24年中の不正アクセス行為の発生状況の公表について」）。

　フィッシング犯罪については、組織化、手口の巧妙化も懸念されており、手口等の全容解明や被害抑止の観点から、金融機関は積極的に捜査機関と連携・協力していく必要があります。

45 近年の不正利用の動向と対応

Q 近年のインターネットバンキングにおける不正利用手口はどのようなものですか。また、不正利用の最近の動向はどうなっていますか

金融機関は、インターネットバンキングにおいて、不正アクセスを防止するために、どのような対応をとるべきでしょうか

A インターネットバンキングにおける不正利用手口は巧妙化するとともに、被害件数・金額ともに増加傾向にあります。近時のフィッシング犯罪（不正ポップアップ画面表示等）は、ID、パスワード等の固定式認証情報のみならず、高度な可変式認証方式のワンタイムパスワードを盗み取る手口も確認されています。

金融機関は、不正アクセスの防止のため、自行庫の情報セキュリティ対策を構築、向上させるのみならず、顧客に対する啓蒙活動も積極的に行う必要があります。

解説

1 インターネットバンキングの不正利用手口と最新動向

(1) インターネットバンキングの不正利用手口

従来の不正利用（フィッシング）手口は、犯罪者がメール等によって、インターネットバンキング利用者のパソコンをウィルスに感染させることで、不正ポップアップ画面等を表示させ、インターネットバンキングのID、パ

スワード、暗証番号、乱数表、合言葉等の「固定式認証情報」を盗み取るものでした。

これらの対策として、ワンタイムパスワード（以下「OTP」といいます）と呼ばれる、都度使い捨てのOTP（可変式認証方式）が有効な手法であるとされてきました。

しかし、近時のウィルスには、固定式認証情報のみならず、ウェブメールサービスのログイン情報を盗み取る機能を備えたものが確認されており、OTPの発行をウェブメールに送信するよう設定している場合、犯罪者が利用者のウェブメールにログインすることでOTPが漏えいする事例が発生しています。なお、OTPには、ハードウェアトークンによるOTP生成器や、従来型携帯電話およびスマートフォンのソフトウェア（アプリ）によるOTP生成器もありますが、これらの生成器によるOTPは、現時点で、被害は確認されていません。

(2) 被害件数・金額等の急増

新聞報道・警察庁発表によれば、2013年1月から11月におけるインターネットバンキング不正被害が件数1,121件・被害金額計約11億8,400万円となり、過年度を大きく上回る水準で増加傾向にあります。

なお、捜査において、日本国内のパソコンの少なくとも1万5,000台が、IDやパスワードを盗むウィルスに感染している可能性が高いことが判明し、また、セキュリティ対策の大手専門会社であるトレンドマイクロ株式会社によれば、ウィルスに感染しているパソコンからのアクセスが2万件を超えている（IPアドレスでの件数）日もあるとされており、今後も被害増加トレンドは継続すると予想されます。

2 金融機関の対応

金融機関が顧客にサービスを提供するにあたっては、顧客の財産を安全に

管理することが求められる以上、金融機関においては、利用者の利便性を最大に確保しつつ、利用者の保護の徹底を図ることが求められています。かかる観点からは、インターネットバンキングに係るセキュリティ対策を十分に講じることが求められ、また、顧客に対する情報提供、啓発・知識の普及を図ることが重要と考えられます。詳細な内容は、金融庁の監督指針（主要行監督指針Ⅲ－3－8、中小地域監督指針Ⅱ－3－5）や全銀協IB留意事項等に記載があります。

(1) 内部管理体勢の整備

金融機関は、インターネットバンキングにおける不正利用への対策等について、最優先の経営課題の一つとして位置づけ、取締役会等において必要な検討を行い、セキュリティ・レベルの向上に努めるとともに、銀行内の各部門が的確な状況認識を共有し、金融機関全体として取り組む態勢を整備することが必要です（主要行監督指針Ⅲ－3－8－2(1)、中小地域監督指針Ⅱ－3－5－2(1)）。

(2) セキュリティの確保

インターネットバンキングの健全かつ適切な業務の運営を確保するためには、情報セキュリティの確保が重要です。

金融機関は、情報セキュリティ体制の構築時・利用時の各段階におけるリスクを十分に認識・評価したうえで、自らの顧客や業務の特性に応じた、セキュリティ全体の向上対策を講じることが要請されます（主要行監督指針Ⅲ－3－8－2(2)、中小地域監督指針Ⅱ－3－5－2(2)）。具体的には、情報セキュリティ全般に関するプログラムを作成し、必要に応じて見直す体制を整え、特に、本人認証については、個々の認証方式の各種犯罪手口に対する強度を検証したうえで、個人・法人等の顧客属性を勘案し、たとえば、可変式パスワードや電子証明書といった、固定式のID・パスワードのみに頼らな

い認証方式の導入を図る等、取引のリスクに見合った適切な認証方式を選択するような対応が有効と考えられます。

　また、金融機関は、自行庫ウェブサイトのリンクに関し、利用者が取引相手を誤認するような構成になっていないかを確認するとともに、フィッシング詐欺対策については、利用者がアクセスしているサイトが真正なサイトであることの証明を確認できるような措置を講じるなど、業務に応じた適切な不正防止策を講じなければなりません。

　なお、情報の収集にあたっては、金融関係団体や金融情報システムセンターの調査等のほか、情報セキュリティに関する検討会や金融機関防犯連絡協議会における検討結果、金融庁・警察庁などの関係当局から提供された犯罪手口に係る情報を活用することが考えられます。

　さらに、金融機関が外部委託を行う場合には、外部委託に係るリスク検討、必要なキュリティ対策を講じることも重要です（主要行監督指針Ⅲ－3－8－2⑷、中小地域監督指針Ⅱ－3－5－2⑷）。

(3)　顧客対応

　インターネットバンキングにおける不正利用は利用者のパソコンを経由して行われることが大半であることから、金融機関は、上記**2**(2)で述べた自行庫の情報セキュリティ確保以外に、顧客に対する積極的な啓蒙活動を行い、顧客・利用者側の自己防衛を促す必要があります。この点、警察庁や独立行政法人情報処理推進機構も、インターネットバンキング利用者に対する「呼びかけ」等をウェブサイトにて公表しています。ポイントは以下のとおりです。

① 　インターネット上での暗証番号等の個人情報の詐取の危険性、類推されやすい暗証番号の使用の危険性、被害拡大の可能性（対策として、振込限度額の設定等）等、さまざまなリスクについて、顧客に対する十分な説明を行うこと

② 顧客自らによる早期の被害認識を可能とするため、顧客が取引内容を適時に確認できる手段を講じること
③ 顧客からの届出をすみやかに受け付けること
④ 顧客への周知が必要な場合、すみやかに周知すること。特に、被害にあう可能性がある顧客を特定可能な場合は、可能な限り迅速に連絡する等して被害を最小限に抑制するための措置を講じること

　また、インターネットバンキングの不正利用があった場合、顧客の損失の補償については、預金者保護法の趣旨を踏まえ、利用者保護を徹底する観点から、顧客対応方針等を定め、真摯な顧客対応を行う必要があります（主要行監督指針Ⅲ－3－8－2(3)、中小地域監督指針Ⅱ－3－5－2(3)参照）。詳細は、全銀協不正払戻対応に記載があり、金融機関は、これらを踏まえて顧客対応を行うことが重要と考えられます。

　さらに、金融機関は、不正取引に関する記録を適切に保存するとともに、顧客や捜査当局から当該資料の提供の協力を求められたときは、これに誠実に協力しなければなりません（上記監督指針等参照）。

(4) その他注意事項

　インターネットバンキングでの不正取引が発覚した場合、金融機関は偽造キャッシュカード・盗難キャッシュカードによる不正払戻しに準じて、「犯罪発生報告書」にて当局宛てに報告を行う必要があるかどうか検討すべきと思われます（主要行監督指針Ⅲ－3－7－2－3、中小地域監督指針Ⅱ－3－4－2－3参照）。また、必要に応じて届出が必要となる「不祥事件」（銀行法53条1項8号、銀行法施行規則35条1項25号、7項）に該当しないかも検討するのが有用です。

　また、金融検査の結果等によってインターネットバンキングの健全かつ適切な業務の運営に疑義が生じた場合は、銀行法24条に基づく報告が必要になる場合や、そのうえで、犯罪防止策や被害発生後の対応について必要な検討

がなされず、被害が多発する等の事態が生じた場合等には銀行法26条に基づく業務改善命令を受ける等の場合がありえますので、注意が必要です。
　金融機関は、個々の事案について適切に対応するとともに発生事案について必要がある場合には、外部専門家に相談するとともに、業務フローを改善するなど態勢整備を行うことが重要と考えられます。

X

インターネットバンキングの課題と対応

46 睡眠預金口座の解消

Q 収益性向上の観点からいわゆる睡眠預金口座を適切な段階で解消したいと考えていますが、銀行においてはどのような点に注意すべきですか

A 睡眠預金口座では、消滅時効期間が満了しているものであっても、実務上銀行は消滅時効を援用しないことが一般的です。

　もっとも、銀行のなかには、一定期間睡眠状態にある預金口座について口座維持管理手数料が発生する旨の規定を定めているものもあり、睡眠預金口座の解消手段として参考になります。

　さらに踏み込んで、今後は、睡眠預金口座を適切な段階で解消するために消滅時効の援用を行うことも、十分検討すべきと思われます。

解　説

1　睡眠預金口座

　睡眠預金口座とは、①流動性預金・自動継続定期預金以外の定期性預金については、最終取引日以降、払出可能の状態であるにもかかわらず長期間異動のないものを、②自動継続定期預金については、初回満期日以降、長期間継続状態が続いているものをいいます（全銀協通達「睡眠預金に係る預金者に対する通知および利益金処理等の取扱い」参照）。

　とりわけインターネット専業銀行では、人件費や店舗運営コストを削減して手数料を抑えたうえで、シンプルなビジネスモデルによる顧客への訴求を行うことにより、振込手数料や商品販売における手数料で収益をあげるビジ

ネスモデルをとっていることが多いため、このような銀行にとっては、睡眠預金口座は不活性口座として、顧客の預金口座利用に伴う収益を期待どおり獲得できず、かつ、口座管理にかかるコストの増大を伴うなど、収益を圧迫する要因の一つとなり得ます。

　そこで、収益性向上の観点からは、いかに睡眠預金口座を適切に解消し、口座管理にかかるコストを削減するかという点が問題になり得ます。

2　睡眠預金口座の解消

(1)　銀行に対する預金債権は商事債権であり、その消滅時効期間は5年ですので（商法522条、502条8号）、消滅時効期間が満了した睡眠預金口座の預金債権については、銀行から消滅時効を援用することが考えられます。

　しかし、実務上、銀行は、銀行に対する信頼確保の観点から、預金債権について消滅時効を援用することには消極的であるとされています。

(2)　また、前記の全銀協通達では、一定の取扱いに従った睡眠預金の利益金計上が定められています。

　しかし、このような計上は、あくまでも会計上の処理にすぎませんので、これにより銀行の睡眠預金口座が解消されるわけではありません。

3　実務上の取組み例と提言

(1)　銀行のなかには、一定期間睡眠状態にある預金口座は口座管理手数料が発生するとの規定をあらかじめ設けたうえで、このような預金口座については口座管理手数料を引き落とし、残高不足の場合には自動的に預金口座を解約するという取扱いをとっている例も見受けられ、睡眠預金口座の解消手段として参考になります。

(2)　さらに踏み込んで、今後は、睡眠預金口座を適切な段階で解消するため

に消滅時効の援用を行うことも、十分検討すべきだと思われます。

　銀行がこれまで信頼確保の観点から消滅時効の援用に対して消極的な姿勢を示してきたことは事実です。しかし、インターネットバンキング取引では、銀行は、預金口座等の利用に伴う手数料収入から収益をあげるビジネスモデルをとっており、利用者としてもこれを前提に利用を申し込み、かつ、このようなビジネスモデルにより費用負担の低減という利益を享受していることを考慮すれば、銀行が睡眠預金口座について消滅時効を援用することは、信頼確保の観点と直ちに矛盾するものではないと考えられるところです（商人性が認められない信用金庫等の協同組織金融機関においては、もとより別途の考慮が求められるともいえます）。

　なお、消滅時効の援用を行う運用をとる場合、銀行の利用申込書等に、一定期間睡眠状態にある預金口座については、消滅時効を援用して預金口座解約を行うこともあり得る旨の注意書きを記載するなどの手当をすることも考えられます。

4　睡眠預金の活用の動き

　銀行等の金融機関における睡眠預金は毎年約850億円発生しているにもかかわらず、払戻額が約350億円にとどまっています。これらの事情を踏まえ、政府は、睡眠預金を金融機関から別の機関に移管し、公益性のある事業などに対して有効に活用することを検討する姿勢をみせていますので（成長ファイナンス推進会議の平成24年7月9日付最終報告書、自由民主党の「J－ファイル2013　総合政策集」等）、立法等の今後の動きに注視する必要があります。

47 反社会的勢力との関係遮断

Q インターネットバンキングで、暴力団排除条項に基づき反社会的勢力との関係を遮断すべく預金口座を解約する場合、具体的にどのような取組みを行えばよいですか

A 警察等に対する照会の結果、取引先が反社会的勢力であると確認された場合には、預金規定の暴力団排除条項などに基づいて当該取引先の預金口座を解約することになります。解約にあたっては、解約通知を発したうえで、残高については出金させるなどの方法のほか、要件が充足される場合には供託を活用することにより弁済することになります。

解　説

1　反社会的勢力排除の要請

　2007年6月19日、犯罪対策閣僚会議幹事会申合せとして、「企業が反社会的勢力による被害を防止するための指針」が定められ、金融機関においても同指針の趣旨を踏まえ、平素より、反社会的勢力との関係遮断に向けた態勢整備に取り組む必要があります。

　各金融機関は、すでに、全銀協の定める参考例等を参照しながら、暴力団排除条項を銀行取引約定書や預金規定等に盛り込んでおり、反社会的勢力である取引先に対しては、同条項に基づいて預金口座を解約するなど具体的な取組みを始めています。インターネットバンキングに関しても同様の取組みが必要と考えられますが、特に、インターネット専業銀行については、店舗・窓口がないという性質上、通常の銀行に比べて、特別の配慮と対応を要

すると考えられます。

　以下では、特にインターネット専業銀行を念頭に置きつつ、反社会的勢力である取引先の預金口座を解約し、反社会的勢力との関係を遮断するまでの手順を時系列に沿って具体的に説明します。

2　具体的な対応

(1)　取引先が反社会的勢力に該当することの確認

　まず、預金口座を開設している取引先が暴力団排除条項に定める反社会的勢力に該当するか否かを確認することが、反社会的勢力排除の第一歩です。

　金融機関としては、取引先が反社会的勢力に該当するかについて、慎重に判断すべきであり、警察等（各地域の暴力追放運動推進センター等）への照会を第一義的な確認手段とすべきと考えられます。

　警察庁は、暴力団排除等のための部外への情報提供について、相手方が行政機関以外の者である場合には、法令の規定に基づく場合のほか、当該情報が暴力団排除等の公益目的の達成のために必要であり、かつ、警察からの情報提供によらなければ当該目的を達成することが困難な場合に行うことを基本的な考え方としており、具体的には、①暴力団情報の提供の必要性があり、②提供先が情報を適正に管理できる場合に、③必要な範囲において暴力団情報を提供するとしています（平成23年12月22日警察庁「暴力団排除のための部外への情報提供について」）。

　金融機関において、預金規定中に暴力団排除条項を設けている場合には、上記①を満たすと思われるところ、情報管理体制を整えたうえで、反社会的勢力排除の取組みについて警察に説明するなど、警察等との間で十分な折衝を重ねたうえで、暴力団情報の提供を求めることになると考えられます。

(2)　預金の解約

　情報提供を受けた結果、反社会的勢力であることが判明した取引先につい

ては、預金規定の暴力団排除条項に従い、預金口座の解約を行うことになります。

① 解約通知の発送

　金融機関による口座解約の具体的な手続は、各行が定める預金規定に基づいて行われますが、全銀協の参考例に照らせば、解約通知の発送によることが一般的と思われます。

　解約通知は、金融機関名義で行うことも考えられますが、取引先との間でトラブルに発展することも想定される場面であるため、担当部署以外の行員がトラブルに巻き込まれることを防止するという観点から、弁護士による代理人名義で行い、当該専門家の電話番号を連絡先として記載しておくことが適切と思われます。

　解約通知は届出のあった住所に発送すればよく、仮に住所に変更があり通知が到達しなかった場合であっても、預金規定に通常存在するみなし到達規定（届出の住所に対して発送すれば、通常到達すべきときに到達したものとみなす旨の規定）の適用により処理すればよいと考えられます。

　実際上は、取引先から特に連絡があった場合には（解約後に口座が使えないことに疑問をもって金融機関宛てに連絡してくることが想定されます）、送付先を聴取したうえ、あらためて解約通知を送付する扱いを行うことも考えられます。

② 解約通知の記載内容

　解約通知には、解約の対象となった口座を特定して記載するほか、解約日を明記する必要があります。

　また、預金規定中の暴力団排除条項に従った解約通知である旨を明示することが必要であり、具体的な条文を示すべきと考えられます。

　さらに、解約日において口座に残高がある場合の取扱いについてはある程度詳細に記載する必要があると思われます。金融機関としては、解約時の口座残高は取引先に返還すべきところ、取引先において出金手続をとる方法に

より返還するのが最も簡便です。

　最後に、不明点があれば、解約通知記載の連絡先（既述のとおり、専門家の連絡先とするのが相当であると思われます）まで問い合わせることとし、金融機関には直接連絡しないように記載をすれば、解約通知の記載内容としては十分といえます。

(3) 残高の返還

　解約日において、取引先の口座に残高がある場合、金融機関はこれを取引先に返還する必要がありますが、いちばん簡便なのは、取引先において出金させることです。各金融機関の預金規定の内容やシステムにもよりますが解約通知日以降、当該口座に関しては、入金や口座振替等はできなくなるところ、出金だけはできるように設定するなどの取引制限を行い、期限を定めて取引先に出金を促すとよいでしょう。

　次に、取引先が期限までに出金しない場合には、別途の手続で預金を返還する必要があります。実店舗のある金融機関であれば、店舗において残高相当額を返金するという対応も可能ですが、インターネット専業銀行に関してはこのような対応をとることはむずかしいところです。特に、インターネット専業銀行においては、現金書留による送金によって残高相当額を返金することが適当です。

　ただし、現金書留により送金できるのは50万円までなので、これを超える場合には、複数の現金書留を活用することや郵便為替を利用することが考えられます。

　また、取引先が、上記現金書留を受領しない場合には、受領拒絶を理由とする供託（民法494条）も可能と思われます。供託は、取引先が届出の住所から移転しており、上記通知が到達しない場合にも利用可能と考えられます（受領不能を理由とする供託）。

⑷　注意すべき点

　反社会的勢力である取引先の口座を解約した場合、取引先からは、解約通知の内容につき疑問や不服があるとして、金融機関または窓口である弁護士等の専門家に対して問合せがあることが想定されます。

　金融機関に対して問合せがあった場合、前記の内容の解約通知書を送付している金融機関としては、弁護士等の専門家に一任している旨回答すれば足ります。

　弁護士等の専門家に対して問合せがあった場合には、問合せの内容に応じて臨機に対応することになりますが、下記の裁判例等にも適宜言及しながら丁寧に説明する一方、不当な要求には一切応じないよう心がける必要があります。

3　預金口座解約と裁判例、今後の展望

⑴　裁 判 例

　反社会的勢力である取引先の預金口座の強制解約については、大阪高判平成25年7月2日において、暴力団組員の口座開設に対する規制は十分な必要性、合理性が認められ、合憲である旨が判示されました。口座の解約についても同様のことが当てはまると思われ、憲法上の問題は生じないと考えられます。

⑵　グレー取引先との関係遮断

　暴力団員そのものに対する解約については、前述したとおり、警察等に対する照会により明確な判断が可能であり、属性要件だけで解除に至ることが可能となると考えられます。

　預金約款においては、属性要件に関しても、いわゆる密接交際者（共生者）や、企業舎弟等、暴力団員そのものから範囲を広げて規定しているのが通例であると思われるところ、これらに該当するかどうかは、警察等に対す

る照会だけから判断することは困難を伴います。

　また、特定の取引先が行為要件を満たしているかどうかについては、各行の現場における判断に委ねられる部分も多いため、同様に判断に困難を伴います。

　これらのいわゆるグレー取引先に対する解約については、上述のとおり反社会的勢力であることの認定が困難であることのほか、訴訟リスクを伴う点で一定のハードルがあることは否定できません。

　しかしながら、銀行取引からの反社会的勢力排除を推進することは、安全で平和な社会の基盤づくりの基礎といえ、このような観点から暴力団の資金源を断つことは社会的に強く要請されているといえます。そして、資金源を断つに際して、その移動（為替）を断つことは反社会的勢力の経済的活動を封じることに通じるところ、銀行の決済システムを利用させないことはまさにその第一歩です。

　むずかしい問題ながら、今後はグレー取引先との関係解消についても、業界全体の動向を含め、十分に留意すべき問題であると思われます。

(3)　今後の展望

　金融庁は、2013年12月26日に「反社会的勢力との関係遮断に向けた取組みの推進について」を公表し、①反社との取引の未然防止（入口段階）、②事後チェックと内部管理（中間管理段階）と③反社との取引解消（出口段階）に分けた取組みが推進されることとなりました。具体的には、①では暴力団排除条項の導入の徹底、各金融機関・業界団体の反社データベースの充実・銀行界と警察庁データベースとの接続の検討加速化、提携ローンにおける入口段階の反社チェック強化が、②では事後的な反社チェック態勢の強化、反社との関係遮断に係る内部管理態勢の徹底が、③では警察当局・弁護士等と連携した反社との取引解消の推進などが掲げられています。さらに、金融庁は、平成25年度内に所要の監督指針の改正を行う予定であり、金融機関は今

後の改正内容にも注視すべきでしょう。

48 ウェブサイト作成上の注意点

Q インターネットバンキングで、自行庫のウェブサイトを作成・運営する際に、金融機関はどのようなことに注意すればよいですか

A 金融機関は、法令等遵守はもちろんのこと、顧客の目線に立ち、多様なデバイスからのアクセスに対応可能とすること、金融商品等の説明・注記の記載を明瞭にすること、質問等があった場合の解決手段を複数明示すること等に注意すべきです。

解説

非対面取引であるインターネットバンキングでは、ウェブサイトは店舗に相当します。ウェブサイトを訪問した顧客は、ウェブサイト上のご案内のみを手がかりに口座を開設し、金融商品の購入・取引等を行います。これら一連の行動がスムーズに行われるよう、以下の注意点を踏まえたページ構成が求められます。

1 法令等遵守

インターネットバンキングは非対面取引とはいえ、法令等に基づき遵守する事項は対面取引と異なる点はありません。口座開設の際は、金融機関は法令上、対面取引と同等の取引時確認等を行う必要があります。さらに取り扱う金融商品によっては、金販法・金商法等で求められている取引要件を満たさなければいけません。特にリスク性商品を取り扱う場合、取引開始時は適

合性の原則(金商法40条)にのっとり、顧客の知識・経験・財産の状況等についての確認方法や顧客からの同意の取得・管理方法等につき十分に検討し、適合性原則に適合した勧誘が行われるよう体制整備を行う必要があります。

ウェブサイト上でリスク性商品の広告等を行う場合、金商法37条に配慮する必要があります。たとえば、バナー広告を出すにあたりバナーのサイズの関係上リスクに関する注記を入れる余白がない場合、バナーをクリックした次の画面遷移先にて注記を記載する等、「バナーやリンクの表示と、それらをクリックした後に現れる画面との一体性が認められることが必要」(金商法政省令パブコメ回答242頁93、94番)ですし、「複数の階層によって構成されている場合には、リスク情報等を含む広告表示事項が一体として提供される実質が伴うよう格別の留意が必要」(同回答242頁95番)です。

キャンペーン等を行う際は、景表法や全国銀行公正取引協議会の公正競争規約などの関連法の遵守事項の確認が必須であるのも対面取引と変わりません。記載内容・リスクとリターンのバランス・文字や背景の色等、顧客にわかりやすい説明を掲載するよう配慮が必要です。

2　ウェブサイトのユーザビリティの追求

実社会において雰囲気のいいお店に入り、気になる商品が見つかって快適な買い物をすることがあります。逆にお店の居心地が悪ければ顧客は出て行きます。

ウェブサイトでも同様に雰囲気・居心地がいいと顧客に感じてもらえるよう、たとえば、以下の点に留意したサイト構成などが推奨されます。

① 　画面表示スピードを考慮し、ファイル容量を軽量化すること
② 　画面スクロールは必要最小限に抑えること
③ 　動線を意識したサイト構成とすること
④ 　セキュリティ対策は万全とすること

⑤　画面上の表記は統一すること

　ブロードバンドが普及したとはいえ、顧客のインターネット環境は多様です。Flashや画像等を多用し、過剰な演出を凝らした動きのあるウェブサイトは顧客のインターネット環境によっては表示されるまでに時間を要することがあります。容量が重く、読込みにストレスを感じる顧客は、他のウェブサイトに移動してしまうかもしれません。特にトップページ等、アクセスの多い主要ページは、表示スピードを考慮し、軽量化を意識した構造にするのが重要です。

　何度もスクロールが必要なページは表示されている情報量が多すぎると考えられます。金融商品の説明が多くなるのはやむをえないことですが、1ページ内に表示すべき分量に配慮し、複数ページへの分割やページ内リンクを利用して、ストレスなく読み進めることができ、必要な情報にすぐたどり着くことができるような工夫が必要です。

　ウェブサイトを閲覧した顧客の視線はどう動くのか、ウェブサイト設計者が意図したとおり顧客がウェブサイトを遷移したか、手続等の画面の途中で離脱していないか等を把握するため、ウェブサイトのアクセス解析を行い、顧客が目的に到達しやすいような動線等を意識したウェブサイトづくりが肝要です。あわせて、背景・テキスト・画像のサイズ・コントラスト・配色等が見やすい構成となっているか等にも気を配ることでよりよいウェブサイトを構築できます。

　ウェブサイトへの不正アクセス等、インターネットのセキュリティを脅かす犯罪が増加傾向にあります。顧客が安心して取引ができるよう、セキュリティに関する対策に妥協は許されないでしょう。金融機関は認証方法を複数にする、振込み・送金・ATM出金限度額の変更をリアルタイムで可能な仕様にする等、自行庫で取り組むことができるセキュリティ対策の向上に磨きをかけるとともに、顧客に対してもウィルス感染やパスワード漏えい等の防止について啓蒙・注意喚起を行い、取引の安全を確保する必要があります。

ウェブサイトの表記にブレが生じないようにすると効果的です。ウェブサイト更新等の際は、該当ページ・コンテンツ作成者以外の第三者によるチェックを行い、商品説明・表記の統一・コンプライアンス上の必要的記載事項等が充足されているかを確認する手順を整備する必要があります。

3 顧客からの問合せ

インターネットバンキングは非対面取引なので、顧客からの問合せ窓口が限定されます。そこで、ウェブサイト上の商品説明は可能な限り明瞭なものとし、よくある質問（FAQ）を充実させるとともに、問合せ窓口（カスタマーセンターや実店舗等）の営業時間・連絡先等を明記し、金融機関の実店舗と同等またはそれ以上の営業時間を確保して、顧客からの問合せへの対応を行うのが好ましいです。また、システム障害等でウェブサイト上の取引が行えない場合の代替手段の確保も必要です。

万一の際の事故受付対応窓口の確保や、ウェブサイト上の仮想店舗のみならず実店舗も保有している金融機関の場合、実際に来店される顧客を想定し、来店時対応のマニュアル整備も必要です。あわせて有事の際の来店対応マニュアル（録画・録音できる応対スペースや警察の応援の確保等）を検討することも有用です。

問合せ内容としては、取扱商品に関する内容は当然のことですが、インターネットを利用するうえでの基本的な知識に関する問合せをする顧客もいることが想定されるため、銀行業務以外のインターネットに関する問合せにも可能な限り対応ができるよう、マニュアルを整備する等の顧客満足度を高める対応がより望ましいといえます。

4 障がいのある顧客の対応

障がいのある顧客のご利用を考慮し、ユニバーサルデザイン（Universal Design）の7原則を踏まえたウェブサイト構成をすることが重要です。同原

則は、言語・文化・宗教・障がいの有無・年齢・性別・国籍等にかかわらず、多様な人々が利用しやすいよう、あらかじめ施設・製品や情報の設計（デザイン）をする考え方です。具体的な7原則は、①Equitable use（誰でも公平に使えること）、②Flexibility in use（使ううえでの自由度が高いこと）、③Simple and intuitive（使い方が簡単で、直感的に理解できること）、④Perceptible information（必要な情報がすぐに見つかること）、⑤Tolerance for error（うっかりミスや危険につながらないこと）、⑥Low physical effort（身体への負担が軽く、楽に使えること）および⑦Size and space for approach and use（アクセスや利用のための十分な大きさと広さが確保されていること）です。たとえば、音声ブラウザへの対応や画像への代替テキスト設定などをウェブサイトの標準仕様とすることなどが考えられます。

5 スマートフォン・タブレット用ウェブサイトの整備

インターネットの利用環境はスマートフォン・タブレットの普及に伴い、大きな転換期を迎えています。パソコンや携帯電話用に整理されたウェブサイトを、あらためてスマートフォン・タブレットでの利用を前提としたものに再構築することが、今後の利用者を増加させるための鍵といえるでしょう。

指で「タップ」操作がしやすいようにボタンを従来のものよりも大きくする、1ページに表示できる情報量がパソコンよりも少ないことを考慮した表示項目の取捨選択等、スマートフォン・タブレット特有の操作性・利用環境を踏まえたウェブサイトの構築などを検討することが望まれます。

49 BCP対策

Q 金融機関が事業継続計画対策を講じるにあたり、インターネットバンキングでどのようなことに注意すべきですか

A 金融機関は、まず、監督指針に示された業務継続体制を整備することが必要です。特に店舗をもたない金融機関によるインターネットバンキングでは、店舗における顧客対応ができないため、顧客との連絡手段・通知手段の確保に注意すべきです。

解説

1 金融機関に求められる業務継続体制

　金融機関は、銀行業務等の公益性にかんがみ、危機発生時の対応を準備しておくことが非常に重要であり、その一環として事業継続計画（Business Continuity Plan. 以下「BCP」といいます）の策定が要請されています。BCPにおいては、テロや大規模な災害等の事態においても早期に被害の復旧を図り、金融システムの機能の維持にとって必要最低限の業務の継続が可能となっていることが必要です（主要行監督指針Ⅲ-8-2(2)⑤、中小地域監督指針Ⅱ-3-7-2(2)⑤参照）。

　上記監督指針では、例示として以下に示す体制整備を求めています。
・災害等に備えた顧客データ等の安全対策（紙情報の電子化、電子化されたデータファイルやプログラムのバックアップ等）は講じられているか
・コンピュータ・システムセンター等の安全対策（バックアップセンターの配

置、要員・通信回線確保等）は講じられているか
・これらのバックアップ体制は地理的集中を避けているか
・個人に対する現金払出しや送金依頼の受付、インターバンク市場や銀行間決済システムを通じた大口・大量の決済の処理等の金融機能の維持の観点から重要な業務を、暫定的な手段（手作業、バックアップセンターにおける処理等）により再開（リカバリー）するまでの目標時間は具体的に計画されているか。インターバンク市場や銀行間決済システムを通じた大口・大量の決済の処理等、特に重要な金融決済機能に係る業務については、当日中に再開する計画とされているか
・業務継続計画の策定・重要な見直しを行うにあたっては、取締役会の承認を受けているか。また、業務継続体制が、内部監査、外部監査など独立した主体による検証を受けているか

　金融機関がBCPを構築するにあたっては、日本銀行「金融機関における業務継続体制の整備について」（平成15年7月）やジョイント・フォーラム「業務継続のための基本原則」（平成18年8月）が参考になります。
　金融検査マニュアルでも、その他オペレーショナル・リスク管理態勢の整備・確立状況の項目にて、監督指針で求められる体制整備が留意点としてあげられています。また、金融機関の取締役が危機管理マニュアル等の策定、BCPの策定、危機発生時の情報収集・発信態勢、風評に関する危機時の対応態勢等の態勢整備が適切に行われているかについても経営管理（ガバナンス）態勢の項目で掲げられており、BCPの策定について専門家任せにするのではなく、経営陣が積極的に関与することが望まれます。

2　インターネットバンキングでの注意点

　インターネットバンキングは、インターネットを介して各種サービスを提供しているため、金融機関は、災害発生時にはすみやかに障害状況や代替手

段をウェブサイトで告知することが重要となります。また、災害発生等で通常のシステムではインターネットに接続できない事態に備え、災害時に発動できるようなバックアップシステムを用意しておくことや、緊急用に対面取引を可能にする事務フローの整備、店舗のある金融機関とあらかじめ提携しておくなどの対応が考えられます。

　また、災害等で店舗等に直接被害があった場合には、窓口での対応はできないもののインターネットはつながるといった事態も考えられます。そのような場合には顧客をインターネットバンキングでの手続に誘導するということも考えられます。

50 ターゲットとする利用機種

Q インターネットバンキングで、パソコン、フィーチャーフォン（携帯電話・PHS）、スマートフォン、タブレット端末等の利用も想定されますが、金融機関の経営戦略として今後どのような利用機種をターゲットとすることが考えられますか

また、技術革新等により、新たな利用ツール（グーグルグラス等のウェアラブルデバイスをはじめとした革新的なツール）が登場した場合に備え、どのような点に注意すべきですか

A 近時のインターネットバンキングは、スマートフォン、タブレット端末を利用した取引件数等が多くなっており、金融機関がインターネットバンキング・システムを構築、運営するにあたっても、スマートフォン、タブレット端末の利用者をターゲットとすることが考えられます。技術革新が日進月歩で進む状況下において、金融機関は、ITリテラシーを高めるとともに、新技術に即応したかたちで、インターネットバンキング・サービスが提供できるようなシステム構築等が求められます。

解　説

1 インターネットバンキングの利用機種に係る最新動向等

(1) インターネットの利用動向等

総務省（平成24年度情報通信白書、同23年通信利用動向調査）によれば、日本のインターネット利用者数は9,610万人（平成13年比4,017万人増加）、人口普

及率は79.1％（平成13年比32.8％増加）となっており、インターネットは国民のライフスタイルに不可欠なツールとなっていることがわかります。なお、13～49歳までの年齢層のうちインターネットの利用率は90％を超えており、若年・青年層世代はなんらかのかたちでインターネットにかかわる社会環境にあり、今後は、高齢者もさらにインターネットを活用する社会になると考えられます。

(2) **パソコン、フィーチャーフォン（携帯電話・PHS）、スマートフォン、タブレット端末の普及動向等**

また、情報通信機器全体の普及動向において、携帯電話・PHS（スマートフォンを含みます）は、世帯保有率が最も高くほぼ横ばいで推移し、基本的な情報通信手段としての位置づけにあります。

上記白書によると、スマートフォンの世帯保有状況は、平成23年度29.3％（平成22年度比19.6％増加と3倍増）となり、タブレット端末の同保有状況は8.5％（平成22年度比7.2％増加）と微増ではあるものの、特に、若年層においては、急速なスマートフォン利用へのシフトが生じています。一方で、パソコンの世帯保有率は、平成21年から減少傾向にあり、平成21年の87.2％から平成23年の77.4％と、10％近く減少しています。情報通信機器が全体的に飽和状態にあるなかで、スマートフォンの急速な普及が突出し、新規需要を開拓している状況がみてとれます。

(3) **各端末における、電子商取引の利用動向（決済動向）・特性**

上記各調査における、各端末における電子商取引を中心とする利用動向分析では、全般的に、スマートフォン利用が大きくフィーチャーフォン利用を上回っています。また、上記白書では、電子商取引等利用経験者における家庭外でのインターネット購入の上限金額の平均をみると、スマートフォン利用の方がフィーチャーフォン利用より2,400円多く、約18％上回っています。

このように、スマートフォンの普及は、電子商取引利用を促進する可能性があると考えられます。

さらに、上記白書では、フィーチャーフォン、スマートフォン、タブレット端末ユーザーに対し、モバイル関連の月当り平均支出額をみると、通信サービス（基本料、通話料、パケット通信料の合計）については、フィーチャーフォンユーザーが合計4,448円であるのに対し、スマートフォンユーザー、タブレット端末ユーザーはそれぞれ9,488円、10,574円とフィーチャーフォンユーザーの平均支出額の2倍以上に達している点が注目されます。他方、端末を通じた商品の平均購入額については、フィーチャーフォンユーザーが676円であるのに対し、スマートフォンユーザーが1,236円、タブレット端末ユーザーが4,791円となっており、特にタブレット端末ユーザーが高水準となっています。

以上の総務省の調査から、フィーチャーフォンからスマートフォン、タブレット端末に移行することにより、よりパソコンに近いサービス利用形態に移行し、インターネットを通じた経済活動が刺激される可能性を読み取ることができるとしています。

なお、日経BPコンサルティング調査（2013年8月30日付公表）によれば、フィーチャーフォン・スマートフォンを介して行われる購買である「携帯・スマホ流通マネー（オンラインショッピング、ネットオークション、おサイフケータイを使った買い物と乗り物の支払い、ゲーム、動画、電子書籍、アプリ、音楽などのコンテンツ購入等）」の市場規模は、年間総額推定4兆2,213億円で、前年度調査（2兆4,698億円）比70.9％増と急拡大しています。特にオンラインショッピングが2兆1,285億円で同市場規模のほぼ半分を占め、前年（1兆1,221億円）比89.7％増と大きく伸びている状況です。

(4)　今後の動向予測

インターネット利用者（利用端末・特性）の動向から、今後も、スマート

フォン、タブレット端末利用によるインターネットバンキング利用も急速に伸びていくことが予想される一方、パソコン・フィーチャーフォンの同利用は横這い・下落トレンドになると考えられます。

❷ 金融機関の対応

　金融機関は、各機器（およびその利用者）の動向、特性、規模等をしっかりと分析・検証しつつ、自らのインターネットバンキング・システムを構築・運営していく必要があると考えられます。以下、注意点を説明します。

(1) 経営戦略、ビジネス戦略上の課題

　インターネットバンキングのシステム構築や維持には、（人的・物的両面において）大きな経営資源を投入する必要があり、どの利用機種セグメントに注力するかは、各金融機関の経営戦略によりますが、上記の現状分析からは、今後、スマートフォン・タブレット端末における、インターネットバンキングに係るシステムに注力することが肝要になると思われます。

　ただし、パソコンやフィーチャーフォンにおけるインターネットバンキング利用者も一定程度存在することが考えられますので、利用者保護の観点から、同利用者へのフォローも十分になされる必要があります（主要行監督指針Ⅲ－3－8、中小地域監督指針Ⅱ－3－5等）。

(2) 利用機種ごとの留意点（システム設計、銀行法等における説明義務の履行）
① システム設計について

　インターネット利用機種（特に、スマートフォン、タブレット端末）の技術革新は早く、新たなハードウェア・ソフトウェアを導入した端末が、四半期ごとに登場しています。

　かかる市場環境の変化に機敏に対応すべく、金融機関は、利用機種・各キャリアに、自行庫のインターネットバンキング・システムが適用している

か、十分な検証を行う必要があり、十分な経営資源を投下しなければならないと思われます。

　加えて、顧客説明として、自行庫のインターネットバンキング取引を利用してもらうための推奨環境（推奨OSとブラウザ）の提示、取引できない場合の代替手段の案内（カスタマーセンターへの入電案内）、利用機種のスペックの確認等、利用者保護の観点からの施策も展開する必要があると考えられます。

② 説明義務の履行

　金融機関がインターネットバンキングを行うにあたっては、利用機種ごとに（画面の大きさ等のシステム面の関係から）、自らの取扱商品について、顧客にどのように説明するか等の課題があります。

　特に、従前、主として、パソコン取引画面等にて議論されてきた課題について、フィーチャーフォン、スマートフォン、タブレット端末の取引画面では、どのように検討していくべきか、今後、議論が深化していくものと思われます。

３　新技術への対応

　スマートフォンやタブレット端末の急速な普及に続き、技術革新が日進月歩で進む状況下においては、グーグルグラスのようないわゆるウェアラブルデバイスや、さらに現時点においては実用化が困難と思われるような新たな利用ツールが早晩登場することが予想されます。

　このような状況において、各金融機関は顧客の利便性確保のために、インターネットバンキング・サービスの提供形態についても、今後、このような革新的な新技術に対応した形で新サービスを提供することが迫られる可能性もあるものと予想され、まさに、インターネットバンキング・サービスの提供を通じた顧客の維持・獲得戦略の巧拙が、当該金融機関の経営にも大きく影響を与えるといった事態もあるかもしれません。

したがって、金融機関は、従来にも増して、常にITリテラシーを高めるとともに、革新的な新技術に即応したかたちで、インターネットバンキング・サービスが提供できるよう、システム構築等を行うことが求められるとともに、そこで発生するさまざまな問題について、各金融機関がもち得る英知を結集し、的確に対応する力が求められることになると思われます。

事項索引

A～Z
ATM ……………………………… 3, 78
BCP対策 ………………………………… 235
EBM ……………………………………… 22
FATF ……………………………… 181, 182
ISP（インターネットサービスプロバイダ） ……………………… 210
ITリテラシー …………………… 15, 238
JPCERTコーディネーションセンター ……………………………… 210
KPI ……………………………………… 24
NFC ……………………………………… 23
NISA …………………………………… 13
PFM …………………………………… 140

あ
アイワイバンク銀行 …………………… 4
新たな形態の銀行 ……………………… 4
暗証番号 ……………………………… 80,
　　　81, 83, 97, 107, 202, 208, 214
イーバンク銀行 ………………………… 4
イオン銀行 ……………………………… 4
意向確認書面 ………………………… 167
意思能力 ………………………… 126, 127
一括ファクタリング …………… 133, 134
インターネット支店 ………………… 14
インターネット専業銀行 ……………… 4,
　　　12, 38, 52, 132, 140
インターネットバンキング … 2, 7, 78
ウェブサイト ………………………… 230

か
疑わしい取引の届出 …………………… 90,
　　　175, 177～179, 181, 182
海外送金 ………………… 111, 113, 114
外貨預金 ………………… 42, 43, 170, 174
外貨預金口座 …………………… 41, 42
外為法 ………………… 41, 111, 112, 114
外部委託 ………… 190, 196, 197, 199, 200
解約通知 …………………………… 225
仮名名義 ……………………………… 86
可変式パスワード …………………… 83
為替予約 …………………… 116, 118
勧誘留意商品 ………………………… 128
企業舎弟 ……………………………… 227
規制改革会議 ………………………… 11
規制対象取引 ……………………… 111
供託 ………………………… 177, 184
組戻し ………………… 100, 102, 104
グレー取引先 ……………………… 227
継続的モニタリング ………… 181～183
契約締結前交付書面 …………… 41, 42
契約の成立時期 ………………… 44, 45
現金書留 ……………………………… 226
効果測定指標 ………………… 21, 24
広告 ………………………… 142～147
口座管理手数料 …………………… 221
口座凍結 ………… 58, 63, 66, 69～71
口座の売買 ………………………… 89
口座名義 ……………………………… 106
口座名義人 ………………… 107, 108

公正競争規約 …… 124
高齢者 …… 126〜128, 131
顧客カード …… 153〜155
顧客サポート …… 203
個人情報保護法 …… 104
固定式認証情報 …… 214
誤振込み …… 100〜103
コンピュータ・ウィルスに関する罪 …… 212

さ

詐欺罪 …… 49〜51
錯誤 …… 119
システム障害 …… 191〜194
システム障害発生 …… 191
システムリスク …… 192, 193
支払規制 …… 111〜115
自筆困難者 …… 38〜40, 129
じぶん銀行 …… 4
借名口座 …… 175〜177, 179
借名名義 …… 175
ジャパンネット銀行 …… 3, 52
住宅ローン …… 125
守秘義務 …… 104, 198
受領拒絶 …… 226
受領不能 …… 226
準占有者への弁済 …… 94
照会系取引 …… 13, 22
障がい者 …… 126, 129
消費者契約法 …… 45, 46
親権者 …… 130
睡眠預金口座 …… 220
スマートフォン …… 44, 47, 125, 152, 214, 239

スマートフォンバンキング …… 16
住信SBIネット銀行 …… 4
制限行為能力者 …… 33〜35, 37
成年後見人 …… 31〜37, 54〜56, 130
成年被後見人 …… 31〜37, 54, 55
セキュリティカード …… 87
窃盗罪 …… 49
説明義務 …… 42, 43, 124
セブン銀行 …… 4
全銀協不正払戻対応 …… 98, 211
総合口座 …… 173, 174
相続預金 …… 91, 94
属性要件 …… 227
組織的犯罪処罰法 …… 178
ソニー銀行 …… 4

た

代筆 …… 38, 39
代筆者 …… 38〜40
大和ネクスト銀行 …… 4
タブレット端末 …… 238
通称・雅号 …… 86, 88
通帳レス …… 15
適合性原則 …… 42, 149
テレホンバンキング …… 3
でんさい …… 133〜139
でんさいネット …… 133, 135〜139
電子記録債権 …… 133, 134
電子記録債権法 …… 133
電子契約法 …… 44, 45, 47, 48
電子消費者契約 …… 44, 47
電子証明書 …… 28, 83
電子手形 …… 133
店頭デリバティブ取引 …… 120

事項索引 245

同意クリック ····· 46
登録金融機関 ····· 142
登録金融機関業務 ····· 142, 158
トークン ····· 34, 35, 51, 87, 214
特定預金等 ····· 42
取引時確認 ····· 26, 28～30, 33, 82, 84, 90, 109, 110, 113, 170～179, 181～183
取引停止等の措置 ····· 58～62, 64, 66, 67
取引内容確認書類 ····· 116～118

な

内部管理態勢 ····· 186, 187
なりすまし ····· 78, 80, 83, 89, 103, 108, 171, 175, 177, 181, 183
二重払い ····· 91, 94
日本版ビッグバン ····· 4
任意代理人 ····· 130
ネット銀行の日 ····· 52

は

ハイリスク取引 ····· 175, 177
バナー広告 ····· 231
犯罪対策閣僚会議幹事会 ····· 223
反社会的勢力 ····· 223
反社チェック ····· 228
反社データベース ····· 228
犯収法 ····· 90, 109, 113
非対面取引 ····· 6, 8, 96, 114, 118, 149
被保佐人 ····· 31, 32, 36, 37
被補助人 ····· 31～33, 36, 37
フィーチャーフォン ····· 239

フィッシング ····· 207, 208, 210, 211, 216
フィッシング詐欺 ····· 10
フィッシング対策ガイドライン ····· 209
不正アクセス ····· 213
不正アクセス禁止法 ····· 212
不正送金 ····· 78, 80
不正利用 ····· 9, 95, 213
振り込め詐欺 ····· 49
振込詐欺救済法 ····· 58～60, 63, 66, 67, 70, 71, 74, 75, 105
弊害防止措置 ····· 163～166
法定書面 ····· 158, 162
法定代理人 ····· 34, 35, 130, 131
暴力追放運動推進センター ····· 224
暴力団排除条項 ····· 184, 223
暴力団排除条例 ····· 50
保険募集 ····· 163, 165, 166
保佐人 ····· 31, 32, 35～37, 54, 56
補助人 ····· 31～33, 35～37, 54, 57
本人確認 ····· 26～30, 33, 34, 39～41, 82, 83, 103, 106, 109, 111, 113, 114, 130～132, 170, 172～174, 209
本人確認済みの顧客 ····· 170, 172
本人限定受取郵便 ····· 26, 28, 30
本人特定 ····· 174
本人特定事項 ····· 26, 27, 28, 30, 31, 33, 34, 49, 90, 170～173

ま

マーケティング ····· 21
マネーローンダリング ····· 29, 50, 179, 181, 182, 190

密接交際者 227
無権限者 83
免責約款 81, 94〜97

や
約款 45, 46, 122, 123, 175, 177
融資取引 122〜124, 126, 127, 129〜132, 134
ユニバーサルデザイン 233
預金者の死亡 92, 94
預金者の認定 86, 90, 176
預金者保護法 97, 98

ら
楽天銀行 4
リーガルチェック 11
リスク性商品 230
リスクベース・アプローチ 181〜183
リテール強化施策 13
リマインダ機能 107

わ
ワンタイムパスワード 10, 209, 213, 214

Q&Aインターネットバンキング

平成26年3月4日　第1刷発行

編　者	岩田合同法律事務所
編著者	本村　健・鈴木正人
	政本裕哉・大櫛健一
発行者	倉田　勲
印刷所	株式会社太平印刷社

〒160-8520　東京都新宿区南元町19
発　行　所　一般社団法人 金融財政事情研究会
　　　　　　編集部　TEL 03(3355)2251　FAX 03(3357)7416
販　　　売　株式会社きんざい
　　　　　　販売受付　TEL 03(3358)2891　FAX 03(3358)0037
　　　　　　URL http://www.kinzai.jp/

・本書の内容の一部あるいは全部を無断で複写・複製・転訳載すること、および磁気または光記録媒体、コンピュータネットワーク上等へ入力することは、法律で認められた場合を除き、著作者および出版社の権利の侵害となります。
・落丁・乱丁本はお取替えいたします。定価はカバーに表示してあります。

ISBN978-4-322-12419-4